Bodas de sangre

Yerma

La casa de Bernarda Alba

European Masterpieces
Cervantes & Co. Spanish Classics N° 81

Founding Editor: Tom Lathrop

General Editor: Matthew Wyszynski
                     University of Akron

Federico García Lorca

Bodas de sangre

꒰◦꒱

Yerma

꒰◦꒱

La casa de Bernarda Alba

Edited and with notes by

Timothy P. Reed
Ripon College

Cervantes & Co.

NEWARK ✥ DELAWARE

Cervantes & Co. Spanish Classics No. 81

These three plays were originally published individually by Cervantes & Co.:
Bodas se sangre, 2004, Cervantes & Co. Spanish Classics Nº56
Yerma, 2012, Cervantes & Co. Spanish Classics Nº65
La casa de Bernarda Alba, 2010, Cervantes & Co. Spanish Classics Nº44

On the front cover: *"Retrato de una dama española sentada"* (1929) by Federico García Lorca.

European Masterpieces is
An imprint of LinguaText, LLC.
103 Walker Way
Newark, Delaware 19711-6119 USA
(302) 453-8695

MANUFACTURED IN THE UNITED STATES OF AMERICA

ISBN: 978-1-58977-123-9

In grateful memory of Professor
Tom Lathrop

Table of Contents

INTRODUCTION TO STUDENTS 11

Bodas de sangre
Acto primero 37
Acto segundo 65
Acto tercero 96
SPANISH-ENGLISH GLOSSARY...121

Yerma
Acto primero 137
Acto segundo 161
Acto tercero 185
SPANISH-ENGLISH GLOSSARY...207

La casa de Bernarda Alba
Acto primero 223
Acto segundo 251
Acto tercero 279
SPANISH-ENGLISH GLOSSARY... 301

Acknowledgments

I WOULD LIKE TO THANK Dickinson College, the University of Delaware, Penn State University, and Ripon College for sharing their love of Spanish language, literatures and cultures with their students, and for enabling me to study the life and work of Federico García Lorca. I am grateful to Tom Lathrop, the European Masterpieces series, and to Michael Bolan for his support and valuable contributions to this edition.

Introduction to Students

FEDERICO GARCÍA LORCA (1898-1936) WAS one of twentieth century Spain's foremost writers. Although he was also an exceptional pianist and artist, he decided to pursue a literary career and eventually achieved international recognition as an innovative poet, lecturer, theater director and playwright. He published several volumes of poetry, essays, and plays before his life was violently cut short during the initial days of the Spanish Civil War. Even though he only wrote for a relatively short period of time, his work captivated readers around the world and he is known today as one of the most prominent poetic voices of his generation.

LIFE OF THE AUTHOR

Federico García Lorca was born to Don Federico García Rodríguez and Vicenta Lorca on June 5, 1898 in the small Andalusian town of Fuente Vaqueros, about ten miles outside of the city of Granada. His father was a prominent land-owner, so the family enjoyed a life of relative comfort and never really had to worry much about money. He was the oldest of five children who were raised by loving parents that appreciated the importance of hard work, education and culture. His artistic nature was evident from a very early age, and his family generally encouraged him to develop his creative talents. As a young boy, he liked to make up stories and would often reenact public ceremonies at home in his living room. His favorite toy was a small theater, and he frequently put on puppet shows and short plays for his friends and siblings. He also loved music, and through years of private lessons learned to play the piano extremely well. Even as a child, Lorca was a charismatic entertainer that enjoyed performing and knew how to please a crowd.

Although he was never a strong student, his parents did everything that they could to ensure that he received a proper education. When he was eight years old they sent him to the city of Almería to study under the tutelage of Don Antonio Rodríguez Espinosa, a beloved teacher and family friend who had recently transferred there from Granada. Although he did not flourish academically, under his tutor's guidance he was able to pass his exams and continue on to secondary school, but he soon fell ill and had to come home to recover. Afterwards, his parents decided that he should carry on his studies in Granada, so they moved into the city and enrolled him in public school. However, he did not do well and earned a reputation as an eccentric character that didn't quite fit in with his peers. Consequently, he often skipped class, didn't study very much, and had to retake many exams, but he eventually completed his coursework and graduated. He had become an accomplished pianist by the time he finished secondary school and wanted to go to Paris to study music, but his parents convinced him to stay in Spain so that he could pursue a university degree. He enrolled in the University of Granada's College of Philosophy and Letters, but continued to be an unmotivated student and did not enjoy his classes. He eventually switched majors and started studying law, but he struggled academically and largely ignored his schoolwork. To his parents' dismay, he preferred to spend his free time discussing art and literature in cafés with a group of friends that called themselves *El Rinconcillo*.

One of the only university classes that did inspire him was a course on art history taught by Professor Martín Domínguez Berrueta, who frequently organized cultural excursions to visit historical monuments around the country. Berrueta had an enormous influence on Lorca, for he taught him all about the arts, enabled him to travel across Spain for the first time, and introduced him to well-known intellectuals like Antonio Machado and Miguel de Unamuno. After returning from his last trip with Berrueta, Lorca decided to pursue writing in earnest and began working on original material every night, but he often abandoned his manuscripts half-way through and never finished them. Although his mother encouraged him to write, his father insisted that he stay in school so that he might some day be able to practice a respectable profession. Nevertheless, in March of 1918 Lorca convinced him to finance the publication of his first book, a series of travel observations that he called *Impresiones y paisajes*. Written in poetic prose, the collection reflects on many of the places that he had visited and explores such themes as the passage of time, nostalgia, and the essence of cultural identity. Even though *Impresiones y paisajes* was not very successful, it introduced Lorca's name to the reading public and earned him a little bit of recognition in the local press.

Afterwards, he was able to persuade his father to send him to the capital so that he could be at the center of Spain's literary and artistic activity. He left Granada in the spring of 1919, moved in with one of his *Rinconcillo* buddies, and quickly met many of Madrid's prominent artists. He flourished in his new environment, made lots of friends, and was soon asked to give a poetry reading at the prestigious *Residencia de Estudiantes*, a dormitory for Spain's most promising young intellectuals. His recital was so well-received that he was invited to take a room in the residence for the following year, which encouraged his poetic ambitions and also created high expectations for his future work. When he went back to Granada in the fall, he was enthusiastic about his budding literary career and continued to compose as much as he could. He moved into the *Residencia* in January of 1920 and soon became popular with the other borders, often entertaining them with live piano music and poetry recitals until late into the night. Although he was pleased with his living accommodations, he rarely studied, had difficulty completing manuscripts, and spent most of free time socializing with his friends.

During this period, Gregorio Martínez Sierra, one of Madrid's experimental theater directors, asked him to expand one of his poems about animals into a full-length play. Lorca eagerly agreed to the project, but struggled to finish the work, and the frustrated director had to badger him in order to obtain new material. Because he never received a definitive script, Martínez Sierra started rehearsing the play in early March using only the fragmentary drafts that he had in his possession. Once the rehearsal period began, Lorca became more actively involved in the project and eventually completed *El maleficio de la mariposa*, a two-act symbolic drama about a cockroach that falls in love with a butterfly. It premiered in mid March, but due to its highly poetic and unconventional nature, the play was panned by critics and the viewing public alike. *El maleficio de la mariposa* was considered a failure and ran for only four performances before closing.

Afterwards, Lorca's parents made him come home to Granada so that he could continue to pursue his degree. Although he struggled, he was able to make some progress, and his father eventually let him return to Madrid after he had passed a few more exams. Back in the *Residencia*, he worked hard on his writing but was reluctant to try to publish his work. Finally, after a lot of encouragement, time, and effort, he released his first and most diverse compilation of poetry, *Libro de poemas*, in June of 1921. The volume is full of natural imagery and touches upon the themes of love, time, nostalgia and death that would later characterize much of his subsequent work. Lorca believed that this somewhat disorganized collection of poems sprang from his childhood and adolescence, and that its publication marked his passage into a more mature and promising literary future. Nevertheless, his parents were displeased with the book's mediocre reception and demanded that he stay in Granada the following year to resume his studies.

He started school again, but he kept writing poetry and did his best to stay in touch with his colleagues in Madrid as much as possible. Around this time, he and his *Rinconcillo* friends became interested in *cante jondo*, traditional Andalusian Deep Song, and would often go listen to gypsy music in a small tavern just inside the walls of the Alhambra. There, Lorca developed a friendship with renowned composer Manuel de Falla, and the two men decided to organize a national festival dedicated to *cante jondo* that would celebrate the authenticity of Deep Song and differentiate it from modern flamenco music, which they believed had become contaminated by commercial interests and tourism. Lorca worked on the project throughout the winter of 1922 and put aside his studies so that he could recruit musicians, dancers and artists to participate in the event. To help promote the festival, he gave his first public lecture on the subject of Deep Song in the Granada Arts Center, which earned positive reviews in the local papers and proved that he could be a very charismatic public speaker. He also composed a series of new poems which he grouped together under the title *Poema del cante jondo*. The collection explored the concepts of persecution, imprisonment and death while employing simple and emotionally charged language in an attempt to capture the essence of gypsy culture. He gave a well-attended public reading of the work in early June, which set the stage for a successful *Cante jondo* festival the following week in the Alhambra.

After the event was over, Lorca proposed that he and Falla collaborate again to create a musical production in the tradition of the 19th century Andalusian itinerant puppeteers. He began working on a series of texts for their company and composed a new play, *Los títeres de Cachiporra. Tragicomedia de don Cristóbal y la señá Rosita*, in which he sought to create a fast-paced and entertaining work to contrast with what he perceived to be the boring drawing-room theater of the era. The farce parodied the low-brow and salacious traditions of rural Andalusia, but at the same time contained elements of the poetic vision that characterizes nearly all of his writing. In December, the two artists also produced an elaborate "Andalusian Puppet Theater" in the Lorca family residence as a Christmas gift for Federico's younger sister Isabel and her friends. The program included a mystery, interludes by Cervantes, and a short piece that Lorca composed for the event, *La niña que riega la albahaca y el príncipe preguntón*. The performance played to an audience of family members, friends, and a crowd of delighted children, and afterwards a local critic noted that more experimental shows like the one that he had just witnessed were necessary for the future renovation of the national Spanish theater.

All the while, Lorca kept trying to pass his courses and little by little made progress towards his degree. In the winter of 1923, he prepared himself for his final exams, and was able to graduate largely due to his personal charisma and a lot of help from his professors. Because he never intended to practice law, he was content to scrape through his classes by doing a minimal amount of work, and he knew that his father would allow him to go back to Madrid once he had his university degree in hand. Just a few weeks after he completed the last of his exams, he and his brother Paco left Granada to start a new life in the capital.

In Madrid, Paco began to pursue a doctoral degree while Lorca returned to his somewhat unfocused lifestyle. Over the next few years he would immerse himself in artistic circles and begin various projects, but he rarely finished them and was often chastised by friends and family for his apparent lack of productivity. Despite the criticism, he constantly worked on his writing and composed many texts that would appear in some published form or another several years later. At the *Residencia*, he struck up a friendship with Salvador Dalí, a talented young Catalonian artist who would come to have a significant impact on his personal life and his work. As Dalí grew increasingly interested in the avant-garde, Lorca became one of his most loyal companions and the two men spent a lot of time together discussing the arts, engaging in *tertulias*, and making cultural excursions to outlying villages and towns. In the spring of 1925 they took a trip to visit the Dalí household in Cadaqués, during which time Lorca gave the family a private reading of his recently finished manuscript of *Mariana Pineda*, a play that poetically retold the story of a 19th century heroine's role in a conspiracy to overthrow a despotic king. The Dalís were so impressed by the work that they threw a banquet in his honor a few days later to introduce him to local critics. Afterwards, the two friends spent a few days in Barcelona together before Lorca returned to Madrid by himself. For years he had tried to conceal his homoerotic tendencies, but his trip to Cadaqués and feelings for Dalí made him start to realize that he could no longer repress his natural instincts.

The next few years were fruitful for Lorca for he was able to compose and start to publish a wide array of work. He drafted two plays that parodied the sexual relationships between old men and young women, *Amor de Don Perlimplín con Belisa en su jardín* and *La zapatera prodigiosa*. His innovative *Oda a Salvador Dalí*, published in José Ortega y Gassett's prestigious *Revista de Occidente*, combined dehumanized imagery with conventional verse in an elegant tribute to his companion. In Granada, he gave a successful lecture on the poetry of Luis de Góngora and started an avant-garde literary journal called *Gallo*. He released another book of poetry, *Canciones*, and contributed the first three poems of a new collection that would later make up his landmark *Romancero gitano* to a newly established literary journal in

Málaga. After years of struggling to find a producer, *Mariana Pineda* eventually opened to a warm reception in Barcelona and starred the well-respected Catalan actress Margarita Xirgu. In 1927, Lorca and several colleagues organized a year-long homage to the Cordovan writer Luis de Góngora, which culminated in a three-day literary festival in the Andalusian capital of Seville. During the festivities, he gave several poetry readings, which included preliminary versions of his gypsy ballads, to an audience of writers who thoroughly applauded his efforts. The artists involved in the conference were later given the name "The Generation of '27" in reverence to their dedication to the proliferation of Spanish poetry. Through all of these efforts, Lorca slowly made a name for himself as an imaginative poet and little by little became more well-known in literary circles.

Nevertheless, his personal life was becoming increasingly difficult and he started to go through a period of significant emotional distress: his relationship with Dalí had deteriorated, he had recently become involved in a turbulent affair with a young sculptor named Emilio Aladrén, and he often felt melancholic and anxious. Despite these hardships, he achieved his first literary triumph in 1928 when Ortega y Gassett published his *Romancero gitano*, a volume of gypsy ballads that created a romanticized vision of the Andalusian gypsy in a uniquely metaphorical style. It quickly became a best-seller and almost immediately earned Lorca a reputation as one of Spain's leading poets. In spite of his success, he continued to struggle with depression and decided to return to Granada in order to work on new projects and give lectures. After a few months, director Cipriano Rivas Cherif asked him to collaborate on a play for his experimental theater company in Madrid, and the two artists attempted to produce *Amor de Don Perlimplín con Belisa en su jardín*, but the premiere was shut down by the police because the Primo de Rivera government claimed that the story of a man cuckolded by his young wife was too inappropriate for public presentation. Disappointed and frustrated, Lorca decided to travel abroad so that he could recover from an emotionally taxing year and try to earn some money on the American lecture circuit. When his good friend and former teacher Fernando de los Ríos invited him

on a trip to the United States, he made plans to go to New York City
and study English at Columbia University.

In New York, Lorca was never able to learn enough English to
communicate well, but he maintained an active social life with his
Spanish speaking colleagues and frequently entertained friends with
stories, piano music, and impromptu poetry recitals. Instead of studying, he often wandered the streets observing the spectacle of what he
perceived to be an overwhelming and dehumanizing metropolis, and
he constantly wrote about his experiences. Through the course of the
visit he finished several poems, drawings, plays, and a movie script, and
he also helped to welcome famous Spaniards to the city whenever they
came to visit. The crash of the stock market in October reinforced
his conception of America as a cruel and spiritless society, and partly
inspired the composition of an innovative new collection of poems
that he would eventually turn into his lecture-recital *Poeta en Nueva
York*. Despite his initial feelings of alienation and culture shock in the
United States, the six months that he spent in New York were fruitful
because he started to overcome his emotional crisis and was also able
to compose a significant amount of new literature. Even though he did
not earn much money giving lectures, he was eventually invited to give
a series of talks in Cuba and set off for Havana in the spring of 1930.

Upon his arrival, a Cuban newspaper hailed Lorca as Spain's most
important contemporary poet and he was lauded wherever he went.
Although he eventually grew tired of the constant attention given
to him, he generally welcomed the acclamation and his hotel room
quickly became a popular meeting place for Spanish-speaking intellectuals. During his three month visit, he gave several lectures, worked
on an ode to Walt Whitman, and started the script of *El Público*, a
highly experimental play that examined homoeroticism, different
manifestations of love, and the dualities of social identity in a radical
format that intentionally broke many of the conventions of traditional
Spanish theater. Because of their subversive content, he knew that he
would never be able to publish these works in his home country, but it
is likely that their composition was related to his ongoing attempts to
better understand his own sexuality.

He returned to Spain in June of 1930 and set out to continue his work with renewed focus and determination. He constantly edited his manuscripts, read them to colleagues whenever he could, and gave several lecture-recitals in major cities around the country. He completed *El Público* and then produced *La zapatera prodigiosa* with Margarita Xirgu, which enjoyed a successful run of thirty four performances and marked his return to the Spanish stage. Despite his distaste for publication, he decided to release some of his previous work and finally published *El poema del cante jondo* in May of 1931. During the following summer he wrote more poems and composed *Así que pasan cinco años*, another experimental play about love, the passage of time, and unsatisfied desire. Although he thought that the work might also be too experimental to produce, an amateur theater group planned to stage it a few years later, but during preliminary rehearsals the production was postponed and Lorca did not live long enough to ever see it performed.

In April of 1931, King Alfonso XIII voluntarily left Spain in the midst of enormous political unrest, which quickly led to the establishment of the Second Spanish Republic. A few months later, Lorca and a group of students lobbied the government to sponsor La Barraca, a university theater company that would perform classical Spanish plays in small cities and towns all around the country. Since he was well acquainted with Fernando de los Ríos, the newly appointed Minister of Education, La Barraca was subsidized in early 1932 and Lorca became its first artistic director. Over the next two years he dedicated most of his time and energy to his new company, and proved himself to be an extraordinarily talented and demanding stage director. La Barraca traveled throughout Spain staging works by such Golden Age masters as Lope de Vega, Calderón de la Barca, and Cervantes, and the public eagerly attended their performances. Despite criticism from right-wing opponents, the leftist government considered the outreach project a success and promised to provide future funding. Although he did not premiere any of his own plays with La Barraca, his role as artistic director gave him invaluable practical experience that would later help him to develop and to refine his future manuscripts.

1933 was another productive year for Lorca. He was now an internationally known artist who was usually enthusiastically received by audiences whenever he gave lectures, poetry recitals, or dramatic performances. As a playwright, his first major success came in March with the premiere of *Bodas de sangre*, a rural tragedy based on a real-life murder and love triangle that he had read about in the newspapers. By and large, audiences embraced the play and critics appreciated its artistic merits despite its somewhat controversial forest scene. In April, Pura Ucelay's amateur women's theater group performed *La zapatera prodigiosa* along with *Amor de Don Perlimplín con Belisa en su jardín*, which earned mixed reviews but finally allowed Lorca to stage his previously censored play. He had now made a name for himself as a dramaturge and his work was starting to be produced abroad. To cap off a triumphant year, he traveled to South America in October to give interviews and to enjoy his new-found popularity in Argentina brought about by Lola Membrives' production of *Bodas de sangre*. During his visit, he met important writers, gave lectures, and made a lot of drawings, and for the first time in his life he started to earn a significant amount of money for his work. In December, Membrives' company performed revised versions of *La zapatera prodigiosa* and *Mariana Pineda* to full houses, which despite some negative reviews also helped to cement his name as one of Spain's most prominent writers. Towards the end of his visit, he spent several weeks in Uruguay where he tried to complete the manuscript of *Yerma*, a new tragedy about infertility and the frustration of maternal instinct, but he was unable to make much progress and soon returned to Buenos Aires. Back in the city, he adapted Lope de Vega's *La dama boba* for Eva Franco's theater company, and then edited *Los títeres de Cachiporra* for a farewell performance to the people of Argentina. After several months of extraordinary professional success in South America, he boarded a ship and departed for Spain in March of 1934.

Back in Madrid, Lorca continued to compose and direct plays, but the conservative swing that the government had taken during his absence jeopardized La Barraca's future and he became increasingly involved in other projects. During this period his art was starting to become more socially conscious, and his newest work began examining some of the restrictions imposed on women in traditional Spanish society. He finished the third act of *Yerma* in July, and its December premiere with Margarita Xirgu was an enormous success. Prominent intellectuals like Miguel de Unamuno and Jacinto Benavente hailed the play as Lorca's finest work to date, and aside from some criticism from the right and a few city-wide bans, *Yerma* only heightened his reputation as a playwright. In August, while he was preparing for a trip to the north with La Barraca, his good friend Ignacio Sánchez Mejías was gored by a bull during a *corrida* and died two days later. In October, Lorca composed a four-part elegy to the fallen bullfighter, the *Llanto por Ignacio Sánchez Mejías*, which he published the following spring to rave reviews. During La Barraca's tour of northern Spain, he developed a passionate friendship with the troupe's new secretary Rafael Rodríguez Rapún, and although the exact nature of their relationship was never clarified, many of their colleagues thought that the two men may have been the true loves of each others' lives.

Towards the end of the 1935 theater season, Margarita Xirgu premiered another new Lorca play in Barcelona. *Doña Rosita la soltera* examined the themes of solitude, aging and the passage of time, and used a floral motif to metaphorically chronicle the life and social marginalization of an unmarried woman in Granada. The public adored the much anticipated work, critics praised its originality, and Lorca basked in his renewed celebrity during its successful run. Because they worked so well together, Lorca planned to tour South America with Xirgu the following summer, but due to personal reasons he kept postponing his departure and was ultimately unable to join her. In early 1936 he resumed work on various projects and started to revise *El sueño de la vida*, another metatheatrical play that he had begun developing some time before. In the one act that remains of the manuscript, a frightened public takes refuge in a theater during a street revolution and inadvertently gets caught up in a play within a play that blurs the boundaries between artifice and reality. Although he was enthusiastic about the project, he assumed that he wouldn't be able to produce it because of its experimental nature and implicit socio-political connotations. Despite his numerous assertions that he was an apolitical writer, conservative critics regularly associated his work with leftist ideology and he thus became a pro-republican figurehead.

In spite of all of his professional success, Lorca continued to be troubled by emotional turmoil; his romantic affairs had not lasted, he suffered from bouts of melancholy, and he always had to be careful about revealing his sexual preferences to others. Many of his reflections about love, death, and sexuality would manifest themselves in the poetic work that he composed throughout his final years, while other projects that were slated to examine taboo subjects were never realized due to his untimely and premature death. He finished his last theatrical manuscript, *La casa de Bernarda Alba*, in June of 1936. Although his previous plays had already started to examine the role of women in Spanish society, none of them had developed the theme of female repression to the same extent as his latest script. The tragedy exposed the potential dangers of an authoritarian culture in which women were forced to conform to rigid norms of behavior and were thereby unable to sufficiently develop a sense of autonomy. The plight of the fictional Alba sisters highlighted the manner in which women were restricted by social convention in rural Andalusia. Although it was never staged during his lifetime, Lorca was very excited about the play and read it several times to his friends during his last few days in Madrid.

When Spain's turbulent socio-political atmosphere reached its climax in a series of retaliatory assassinations in July of 1936, Lorca decided to leave the capital and stay with his family in Granada until things settled down. At the time, he did not know that right-wing forces would try to overthrow the Republican government on the night of July 17th, or that the city would almost immediately fall to the insurgents and become a fascist stronghold. In the weeks following the coup, rebel soldiers began rounding up their enemies and executing those who were perceived to be potential threats to the Nationalist cause. Even though Lorca claimed that he was not actively involved in politics, he was a well-known liberal artist that supported the Republic and was thus at great risk of persecution. Aware of the danger, his parents tried to protect him by sending him to live with the family of Luis Rosales, a fellow poet and member of the Falange, but he was nevertheless arrested, taken to the outskirts of town, and executed sometime in the early morning of August 18th or 19th. He was buried in an unmarked grave near the town of Víznar alongside other victims of the Nationalist repression. News of his murder caused outrage and heightened international awareness of the brutality of a civil war that would last for three years and take the lives of over three hundred thousand people. Upon his death, the Spanish literary world lost an imaginative poetic voice that most likely would have continued to compose new material for many years to come.

BODAS DE SANGRE

Lorca probably started contemplating *Bodas de sangre* in 1928 after reading a newspaper article about a recent homicide that had taken place near the town of Níjar in the province of Almería. Shortly before her wedding, a bride-to-be had tried to run off and elope with one of her cousins, but the jilted groom's family pursued the fugitives and eventually killed the rival male. The crime was highly publicized and fascinated Lorca, who told his friends that such a drama might make a very interesting stage play. When he finally composed the manuscript four years later, he told the tale of a wedding-gone-wrong by combining narrative and lyrical elements together to create an intriguing story about arranged marriage, passion, and the rigid social expectations of turn-of-the-century Andalucía. Even though it was based on real events, Lorca fictionalized several aspects of the play in order to maximize its dramatic interest, and his intentional use of songs, poetry, and symbolism throughout highlighted its literary character. Its 1933 Madrilenian premiere was a great success, and critics and the general public alike embraced it as one of his best works to date. The original show ran for thirty-eight performances, which set the stage for subsequent productions in Spain and throughout South America. As a testament to its continuing appeal, *Bodas de sangre* is still often produced today by both amateur and professional theater troupes all around the world.

Although the Níjar killing was most likely his primary source of inspiration, other texts that probably influenced Lorca include John Millington Synge's *Riders to the Sea* (1904), Gabriele D'Annunzio's *La figlia di Jorio* (1904), Antonio Machado's *Tierra de Alvargonzález* (1912), Eduardo Marquina's rural dramas of the 1920's, and even the music of Johann Sebastian Bach. Although indebted to all of these works, *Bodas de sangre* stands apart from them because of the uniquely stylistic portrayal of its tragic storyline. Its combination of realistic and lyrical elements appeals to intellectuals while it also satisfies the expectations of a more conventional theater-going public. Songs and poems make up much of its dialogue, and the third act's allegorical forest scene, which details the protagonists' futile efforts to elude death, is an extraordinary manifestation of its author's poetic sensibilities. The personification of the moon and of death lends a mythical quality to the play, and the recurring symbolism of daggers, horses, nature, and blood throughout the text aligns it with much of Lorca's previous work.

Bodas de sangre can also be understood as an aesthetic representation of Andalucía itself. It explores many different aspects of rural life (patriarchal culture, arranged marriages, agriculture, honor, relationships between neighbors, sexuality, clan violence, and economic hardship), and its protagonists struggle to survive amidst a variety of societal and natural forces that inevitably seem to lead them towards a tragic fate. The play exposes some of the complexities of an agrarian culture whose underlying violent tendencies can suddenly emerge when established norms of behavior are challenged and broken.

Although Lorca would continue to compose innovative texts over the last few years of his life, many readers believe that *Bodas de sangre* is his masterpiece because of its exceptional blend of lyricism and dramatic action. A poetic tragedy that addresses both regional and universal themes, it is a remarkable play that has become one of 20th Century Spain's most enduring works of art.

YERMA

Lorca had been working on the manuscript for *Yerma* for quite some time before it finally premiered in December of 1934. He had finished the first two acts before traveling to Argentina in the fall of 1933 for Lola Membrives' productions of *Bodas de sangre*, *La zapatera prodigiosa* and *Mariana Pineda*, but, despite her insistence, he was unable to complete the play in the Americas and returned to Spain the following spring. His eventual decision to produce it in Madrid with Margarita Xirgu in the lead role outraged Membrives and garnered a lot of press coverage, which ultimately helped to publicize the work and to establish high expectations for its performance. The impending premiere caused such a stir in the capital that attendance to the dress rehearsal was limited "by invitation only," which angered some conservative newspapers and led to harsh criticism of the script's objectionable subject matter. In the tense political climate of the early 1930's, the right-wing press generally denounced the play, partly because of its thematic content and partly due to the political affiliations of Xirgu herself, who was sharply criticized for recently welcoming former Prime Minister Manuel Azaña into her home as soon as he was released from jail. Thus, through association with the lives of its actors, producers, and author, *Yerma* became known as a controversial work that might advance some questionable moral and social ideologies.

Not surprisingly, such heated talk in the press only heightened public awareness and fostered interest in the play, which resulted in a very large turnout for the premiere. Despite Lorca's fears that the Falange might sabotage the opening night by buying up all of the tickets and boycotting the performance, *Yerma* opened to a full house of mostly adoring fans. However, after the curtain rose, a group of men in an upper balcony immediately started heckling Xirgu, and she had to wait until the noise settled down before commencing the dialogue. The men were quickly removed from the theater and the rest of the performance went smoothly, with each act garnering a thunderous applause from the audience. Reviews were predictably mixed and generally followed the political affiliations of their authors, but some prominent intellectuals like Miguel de Unamuno and Jacinto Benavente also hailed the play to be Lorca's finest drama so far. *Yerma* lasted for 150 performances in its initial run and ultimately became the most significant commercial success of his lifetime.

The annual pilgrimage to the hermitage of Moclín by infertile women seeking divine intervention in order to become pregnant seems to have partly inspired the play's composition. *Yerma* traces the plight of an unhappily married woman who longs for a child but is unable to conceive, which causes her to experience an intense frustration that eventually leads to a tragic finale. The play examines such diverse themes as motherhood, sterility, arranged marriage, social expectations, the re-

pression of desire, honor, childlessness, the role of men and women in
rural society, female autonomy, and the fragility of the human psyche.
The use of nature imagery, water symbolism, foreshadowing, and Greek
choruses throughout align *Yerma* with much of Lorca's previous work,
and the ultimate tragedy can be understood as a potential consequence
of an extreme desperation that can lead the self to commit horrific acts
of violence. Its subject matter challenges numerous patriarchal norms,
and the Catholic Church condemned it as subversive due to its representation of a pagan woman who doesn't believe in God and because of
the third act's orgiastic pilgrimage scene. Despite Yerma's insistence on
maintaining her honor, her unconventional behavior often reveals her
desire to reject some of the social obligations that restrain her so that
she can lead a more autonomous existence.

Yerma turned out to be Lorca's longest running play, partly because of its substantial press coverage that sustained the public's interest, but mostly because it was yet another poetic masterpiece that
simply reconfirmed his extraordinary artistic sensibility. The play explores several significant and universal aspects of the human condi-
tion through six thought-provoking scenes that lend themselves well
to a wide range of critical interpretation. *Yerma's* focus on the role of
the female in Andalusian society transcends both cultural and historical settings, and continues to appeal to readers, critics, and audiences
around the world today.

LA CASA DE BERNARDA ALBA

Lorca started writing *La casa de Bernarda Alba* in the spring of 1936
during the rehearsal period for Pura Ucelay's never-performed production of *Así que pasen cinco años*. He carried the manuscript around
wherever he went and liked to read passages to his friends whenever
he could. In his newest play, he attempted to write a realistic script
in the style of a photographic documentary, and at one point excit-
edly declared to a friend that the text contained no poetry whatsoever.
Nevertheless, the play is actually full of poetic prose that emerges from
within a realistic context to create a unique and highly stylized work
of art. Although the completion date on the manuscript says June 19,
1936, Lorca told some friends that he still wanted to revise the second

and third acts before trying to produce it the following fall with Margarita Xirgu playing the lead role. Although it was never performed during his lifetime, *La casa de Bernarda Alba* premiered in 1945 in Buenos Aires and was published shortly afterwards. It eventually made its Spanish debut in 1964 at Madrid's Teatro Goya.

He took inspiration for the story from some childhood memories of the village of Asquerosa, the modern day Valderrubio, where his family had resided for a short time and later maintained a summer residence. The García Lorcas lived across the street from relatives who shared a well with the family of Frasquita Alba Sierra, a woman of strong temperament who lived in the house next door with her second husband and children. The young Federico heard stories about the Alba daughters from his cousins, who regularly listened to their conversations in their back yard. Frasquita had a reputation of being strict with her children, and even though he never spoke to them, Lorca found them intriguing and wondered what life must have been like in their home. Years later, he modeled his manuscript about a domineering mother's relationship with her daughters on his memories of the Alba family. Although actual people inspired the characters, Lorca fictionalized most aspects of the play and invented its tragic storyline. In real life, a man named José Benavides lived in the nearby village of Romilla, just across the river from Asquerosa, and was known by the nickname 'Pepico el de Roma.' He married Amelia, one of Frasquita's daughters from her first marriage, but after she died he later wed her younger sister Consuelo. Lorca used this context to create a fictional story about a love conflict between sisters, but in reality the Alba siblings never seemed to be at odds with each other because of Benavides. Some of the other characters in the play were also based on real people, and several customs appear that were probably derived from Asquerosa as well, including Bernarda's incessant drive to preserve the reputation of her family, the observance of long rituals of mourning, the use of local dialect, the practice of observing the neighbors from behind partly-closed doors, and the importance of seasonal harvest traditions. Nevertheless, despite its apparent connections to reality, the play is primarily a product of its author's imagination.

Even though Lorca had originally intended *La destrucción de Sodoma* to be the last play in his trilogy about rural Spanish society, *La*

casa de Bernarda Alba became the third work of the sequence because
of its thematic similarities to *Bodas de sangre* and *Yerma*. *La casa de
Bernarda Alba* is a tragedy about authoritarianism, the repression
of women, and the frustration of sexual desire. Throughout the play,
Bernarda maintains her power by vigorously promoting social conventions that encourage patriarchal norms and subordinate women
to men. The plot revolves around the plight of five confined sisters
who pine for love but are unable to court, marry, or engage in sexual
relations due to their mother's insistence that they observe an eight-
year mourning period for their recently deceased father, during which
time they are not allowed to leave their house or to socialize with men.
By imposing such strict conditions on her nubile daughters, Bernarda
stifles their natural instincts and effectively reduces their chances of
finding a spouse or of starting a family. The obligatory mourning ritual
thus becomes a catalyst of resentment that ultimately compels Adela
to stand up to her mother in a desperate attempt to claim her rights
of autonomy. The play's tragic ending highlights the futility of her
quest and implies that women may never really be able to overcome
the restrictive social codes of traditional Andalusia. Other causes of
tension throughout the work include Bernarda's preoccupation with
maintaining appearances, the *qué dirán* (what will they say?) of the
townsfolk, differing generational attitudes towards marriages of con-
venience, sibling jealousy, and the female's inherent obligation to abide
by inequitable social norms. Although it is not explicitly political, the
play can also be understood as a metaphor for an authoritarian society
that significantly restricts the freedom of its citizens, so some readers
believe that *La casa de Bernarda Alba* is also a literary reflection of
Spain's volatile political atmosphere of the 1930's that eventually led to
the outbreak of the civil war.

Spanish peninsular literature is well-known for its creation of
unique literary figures like Lazarillo de Tormes, Don Quijote, Celes-
tina, and Don Juan Tenorio that over time have transcended their tex-
tual origins to become symbolic representatives of more universal human characteristics. Because of her distinctive personality, Bernarda
Alba has taken her place beside them as an immediately identifiable
model of uncompromising authoritarianism. Only time will tell if her

name will ever move beyond the Spanish context to become a widespread symbol of tyranny.

How to Use This Edition

This edition glosses many challenging Spanish terms which are marked with a superscript symbol ° in the text and translated in the margins. Entire phrases appear with an apostrophe ' before the first word, and longer passages are glossed in footnotes. Words are only translated the first time that they appear, and there is a comprehensive glossary at the end of the play.

Selected Bibliography

Aguilar Piñal, Francisco. "La honra en el teatro de García Lorca." *Revista de Literatzura* 48.96 (1986): 447-454.

Ajala, John D. "Similarities between J. M. Synge's *Riders to the Sea* and F. G. Lorca's *Blood Wedding.*" *College Language Association Journal* 28.3 (1985): 314-325.

Álvarez Harvey, Maria Luisa. "Lorca's *Yerma*: Frigid... or Mismatched?" *College Language Association Journal* 23 (1980): 460-469.

Álvarez-Altman, Grace. "The Empty Nest Syndrome in García Lorca's Major Dramas." *García Lorca Review* 11.2 (1983): 149-159.

———. "Nihilismo sexual en *La casa de Bernarda Alba*." *García Lorca Review* 3.1-2 (1975): 67-69.

———. "Poly-Anthroponomycal Onomastic Technique in *Yerma* by Federico García Lorca." *Names: A Journal of Onomastics* 30.2 (1982): 93-103.

Anderson, Andrew A. "García Lorca's *Bodas de sangre*: The Logic and Necessity of Act Three." *Hispanofila* 30.3 [90] (1987): 21-37.

———. "The Strategy of García Lorca's Dramatic Composition 1929-1936." *Romance Quarterly* 32.2 (1986): 211-229.

———. *García Lorca: 'Yerma'. Critical Guides to Spanish Texts.* London: Grant & Cutler Ltd, 2003.

———. "The Strategy of García Lorca's Dramatic Composition 1929-1936." *Romance Quarterly* 32.2 (1986): 211-229.

Anderson, Reed. "The Idea of Tragedy in García Lorca's *Yerma*." *Hispanofila* 25.74 (1982): 41-60.

Arce de Vázquez, Margot. "La casa de Bernarda Alba." *Sin nombre* 1.2 (1970): 5-14.

Balboa Echeverría, Miriam. "Nanas, prisión y deseo en *Bodas de sangre*." *Confluencia: Revista Hispánica de Cultura y Literatura* 9.2 (1994): 98-108.

Barrick, Mac E. ""Los antiguos sabían muchas cosas": Superstition in La casa de Bernarda Alba." *Hispanic Review* 48.4 (1980): 469-477.

Bejel, Emilio. "*Bodas de sangre* y la estructura metafórica." *Garcia Lorca Review* 7 (1979): 73-85.

———. "Las funciones dramáticas de *Bodas de sangre*." *Hispanófila* 27.2 [80] (1984): 87-94.

Blum, Bilha. "'¡Silencio, he dicho!' Space, Language, and Characterization as Agents of Social Protest in Lorca's Rural Tragedies." *Modern Drama* 48.1 (2005): 71-86.

Burton, Julianne. "The Greatest Punishment: Female and Male in Lorca's Tragedies." *Women in Hispanic Literature: Icons and Fallen Idols.* 259-279. Berkeley: U of California P, 1983.

Busette, Cedric. "Closed and Open Space in Lorca's *Yerma*: The Stage as Metaphor." *Estudios en homenaje a Enrique Ruiz-Fornells.* 44-48. Erie, PA: Asociación de Licenciados & Doctores Españoles en Estados Unidos, 1990.

Cannon, Calvin. "The Imagery of Lorca's *Yerma*." *Modern Language Quarterly* 21.2 (1960): 122-130.

Colecchia, Francesca. "The Religious Ambience in the Trilogy: A Definition." *García Lorca Review* 10.1 (1982): 24-42.

Corbin, John. "Lorca's *Casa*." *Modern Language Review* 95.3 (2000): 712-727.

Crabbe, Kathryn Bernice. "A Jungian Interpretation of Lorca's *Bodas De Sangre, Yerma,* and *La Casa de Bernarda Alba*." *Dissertation Abstracts International* 47.3 (1986): 926A.

Crispin, John. "La casa de Bernarda Alba dentro de la visión mítica lorquiana." *La casa de Bernarda Alba y el teatro de García Lorca.* Ed. Ricardo Doménech. Madrid: Cátedra,1985. 171-185.

Dias, Austin. "La dialéctica escénica en *La casa de Bernarda Alba*." *Selecta: Journal of the Pacific Northwest Council on Foreign Languages* (1984): 110-115.

Dolan, Kathleen. "Time, Irony, and Negation in Lorca's Last Three Plays." *Hispania* 63.3 (1980): 514-522.

Doménech, Ricardo, ed. *La casa de Bernarda Alba y el teatro de García Lorca.* Madrid: Cátedra, 1985.

———. "Símbolo, mito y rito en La casa de Bernarda Alba." *La casa de Bernarda Alba y el teatro de García Lorca.* Ed. Ricardo Doménech. Madrid: Cátedra, 1985.

Edwards, Gwyne. *El teatro de García Lorca.* Madrid: Gredos, 1983.

Feal, Carlos. "Lorca entre Freud, los doctores y Paul Julian Smith." *Nueva Literatura Hispánica* 3 (1999): 45-60.

———. "El sacrificio de la hombría en *Bodas de sangre*." *MLN* 99.2 (1984): 270-287.

Feito, Francisco E. "Synge y Lorca: De *Riders to the Sea* a *Bodas de sangre*." *García Lorca Review* 9.2 (1981): 144-152.

Fiddian, Robin. "Adelaida's Story and the Cyclical Design of *La casa de Bernarda Alba*." *Romance Notes* 21 (1980): 150-154.

Gabriele, John P. "House and Body: Confinement in Lorca's Woman-Conscious Trilogy." *Hispanic Research Journal: Iberian and Latin American Studies* 1.3 (2000): 275-285.

————. "Mapping the Boundaries of Gender: Men, Women, and Space in *La casa de Bernarda Alba*." *Hispanic Journal* 15.2 (1994): 381-392.

————. "Of Mothers and Freedom: Adela's Struggle for Selfhood in *La casa de Bernarda Alba*." *Symposium: A Quarterly Journal in Modern Literatures* 47.3 (1993): 188-99.

García Jambrina, Luis. "Análisis comparativo de *Yerma*, de Federico García Lorca y Pilar Távora." *Versants: Revue Suisse Des Littératures Romanes/Rivista Svizzera Di Letterature Romanze/Schweizerische Zeitschrift Für Romanische Literaturen* 42 (2002): 75-93.

García Lorca, Federico. *Bodas de sangre*. Ed. Mario Hernández. Madrid: Alianza, 1984.

————. *Four Major Plays*. Trans. John Edmunds. Oxford: Oxford UP, 1997.

————. *La casa de Bernarda Alba*. Ed. Caridad Svich. New York: New Dramatists, 2003.

————. *La casa de Bernarda Alba*. Ed. Mario Hernández. Madrid: Alianza, 1998.

————. *La casa de Bernarda Alba*. Ed. Vilches de Frutos, M. Madrid: Cátedra, 2005.

————. *La casa de Bernarda Alba*. *Obras Completas*. Vol. 2. 973-1066.

————. *Rural Trilogy: Blood Wedding, Yerma, The House of Bernarda Alba*. Trans. Michael Dewell and Carmen Zapata. New York: Bantam, 1987.

————. *Three Tragedies: Blood Wedding, Yerma, Bernarda Alba*. Trans. James Graham-Luján and Richard L. O'Connell. New York: New Directions, 1945.

————. *Yerma*. Ed. Idelfonso-Manuel Gil. Madrid: Cátedra, 1990.

García Lorca, Francisco. *Federico y su mundo*. Ed. Mario Hernández. Madrid: Alianza, 1980.

————. *Federico y su mundo*. Ed. Mario Hernández. Madrid: Alianza, 1980.

García-Posada, Miguel, ed. *Federico García Lorca, Obras completas*. Galaxia-Gutemberg, 1996.

Gibson, Ian. «*Caballo azul de mi locura*» *Lorca y el mundo gay*. Barcelona: Planeta, 2009.

————. *Federico García Lorca, a Life*. New York: Pantheon Books, 1989.

————. *Federico García Lorca: biografía esencial*. Barcelona: Península, 1998.

Gibson, Ian. *The Death of Lorca*. Chicago: J.P. O'Hara, 1979.

Gonzalez-del-Valle, Luis. "Justicia poética en *Bodas de sangre*." *Romance Notes* 14 (1972): 236-241.

Greenfield, Sumner M. "Poetry and Stagecraft in *La casa de Bernarda Alba*." *Hispania* 38.4 (1955): 456-461.

Halliburton, Charles L. "García Lorca, the Tragedian: An Aristotelian Analysis of *Bodas de sangre*." *Revista de Estudios Hispánicos* 2 (1968): 35-40.

Hearn, Melissa. "Patriarchal Myth of the Virgin in García Lorca's *Yerma*." *West Virginia University Philological Papers* 39. (1993): 138-143.

Jiménez, María. "Crítica social en el teatro de García Lorca." *García Lorca Review* 11.2 (1983): 139-148.

Jiménez-Vera, Arturo. "*La casa de Bernarda Alba*: Algunas observaciones sociológicas sobre la falta de la libertad en la mujer." *Estreno: Cuadernos del teatro español contemporáneo* 3 (1975): 6-8, 11.

———. "Violence in *La casa de Bernarda Alba.*" *Rivista di letterature moderne e comparate* 27 (1974): 45-49.

Klein, Dennis A. *Blood Wedding, Yerma*, and *The House of Bernarda Alba*: *García Lorca's Tragic Trilogy*. Boston: Twayne, 1991.

———. "Christological Imagery in Lorca's *Yerma.*" *Garcia Lorca Review* 6 (1978): 35-42.

———. "The Dramatic Use of Songs in Federico García Lorca's *Yerma.*" *Ars Lyrica: Journal Of Lyrica, Society For Word-Music Relations* 7 (1993): 93-105.

———. "The Possible Influence of Falla's *La vida breve* on Lorca's Later Plays." *García Lorca Review* 9.2 (1981): 91-96.

Knapp, Bettina L. "García Lorca's *Yerma*: A Woman's Mystery." *Lorca's Legacy: Essays on Lorca's Life, Poetry, and Theatre*. 135-146. New York: Peter Lang, 1991.

Lima, Robert. "Blood Spilt and Unspilt: Primal Sacrifice in Lorca's *Bodas de sangre.*" *Letras Peninsulares* 8.2 (1995): 255-259.

———. *The Theater of García Lorca*. New York: Las Américas, 1963.

López, Daniel. "Predestination in Federico García Lorca's *Bodas de sangre.*" *García Lorca Review* 5 (1977): 95-103.

Lott, Robert E. "*Yerma*: The Tragedy of Unjust Barrenness." *Modern Drama* 8.1 (1965): 20-27.

Loughran, David K. "Lorca, Lope and the Idea of a National Theater: *Bodas de sangre* and *El caballero de Olmedo.*" *García Lorca Review* 8 (1980): 127-136.

Lukens-Olson, Carolyn. "The Mask of Dionysus: A Nietzschean Reading of García Lorca's *Blood Wedding.*" *RLA: Romance Languages Annual* 5 (1993): 460-464.

MacMullan, Terence. "Federico García Lorca's Critique of Marriage in *Bodas de sangre.*" *Neophilologus* 77.1 (1993): 61-73.

Martínez Masdeu, Edgar. "*Bodas de sangre* y Federico en el tiempo: obsesión por el sino." *Revista del Ateneo Puertorriqueño* 3.8 (1993): 183-194.

Maurer, Christopher. "Bach and *Bodas de sangre.*" *Lorca's Legacy: Essays on Lorca's Life, Poetry, and Theatre*. 103-114. New York: Peter Lang, 1991.

Miller, Norman C. "Lullaby, Wedding Song, and Funeral Chant in García Lorca's *Bodas de sangre.*" *Gestos: Teoría y Práctica del Teatro Hispánico* 3.5 (1988): 41-51.

Moncó, Beatriz. "Maternidad y alianza en *Bodas de sangre*, de Federico García Lorca: Una lectura desde la antropología." *Anales de la Literatura Española Contemporánea* 35.2 (2010): 71-94/451-474.

Morris, C. Brian. *Son of Andalusia. The Lyric Landscape of Federico García Lorca*. Nashville: Vanderbuilt UP, 1997.

———. "Voices in a Void: Speech in *La casa de Bernarda Alba.*" *Hispania* 72.3 (1989): 498-509.

Morris, C.B. "Lorca's *Yerma*: Wife Without an Anchor." *Neophilologus* 56 (1972): 285-297.

Neuschäfer, Hans-Jörg. "Los dramas de Lorca y el *huis clos* de la censura. Una lectura política de *La casa de Bernarda Alba.*" *Federico García Lorca: Actas del coloquio internacional.* Ed. Theodor Berchem and Hugo Laitenberger. Sevilla: El Monte, 2000. 133-142.

Newberry, Wilma. "Patterns of Negation in *La casa de Bernarda Alba.*" *Hispania* 59.4 (1976): 802-809.

Nieva-De La Paz, Pilar. "Identidad femenina, maternidad y moral social: *Yerma* (1935), de Federico García Lorca." *Anales de la Literatura Española Contemporánea* 33.2 (2008): 155-176.

Ortega, José. "Conciencia social en los tres dramas rurales de García Lorca." *García Lorca Review* 9.1 (1981): 64-90.

Parker, Fiona, and Terence McMullan. "Federico García Lorca's *Yerma* and the World of Work." *Neophilologus* 74.1 (1990): 58-69.

Poeta, Salvatore J. "Poetic and Social Patterns of Symmetry and Contrast in Lorca's *La casa de Bernarda Alba.*" *Hispania* 82.4 (1999): 740-749.

Romero, Héctor. "Hacia un concepto dualista sobre el personaje trágico en *Bodas de sangre.*" *García Lorca Review* 10.2 (1982): 50-62.

———. "El protagonista y la estructura dramática: Dos elementos inseparables en la dimensión trágica de *Bodas de sangre.*" *Mester* 15.1 (1986): 38-46.

Rosslyn, Felicity. "Lorca and Greek Tragedy." *The Cambridge Quarterly* 24.3 (2000): 215-236.

Rubio, Isaac. "Notas sobre el realismo de *La casa de Bernarda Alba*, de García Lorca." *Revista canadiense de estudios hispánicos* 4 (1980): 169-182.

Rude, Roberta N. and Harriet S. Turner. "The Circles and Mirrors of Women's Lives in *The House of Bernarda Alba.*" *Literature in Performance: A Journal of Literary and Performing Art* 3.1 (1982): 75-82.

Seybolt, Richard A. "*La casa de Bernarda Alba*: a Jungian Analysis." *Kentucky Romance Quarterly* 29.2 (1982): 125-133.

Skloot, Robert. "Theme and Image in Lorca's *Yerma.*" *Drama Survey* 5 (1966): 151-161.

Smith, Paul Julian. *The Theatre of García Lorca: Text, Performance, Psychoanalysis.* Cambridge: Cambridge UP, 1998.

———. "Yerma y los médicos: García Lorca, Marañón y el grito de la sangre." *Federico García Lorca, clásico moderno (1898-1998).* 21-33. Granada, Spain: Diputación de Granada, 2000.

Soufas, C. Christopher, Jr. "Dante and the Geography of Lorca's *Bodas de sangre.*" *Romance Notes* 37.2 (1997): 175-181.

———. "Interpretation in/of *Bodas de sangre.*" *García Lorca Review* 11.1 (1983): 53-74.

Spires, Robert C. "Linguistic Codes and Dramatic Action in *La casa de Bernarda Alba.*" *The American Hispanist* 3.23 (1978): 7-11.

Stainton, Leslie. "A Concept of Land: José Luis Gómez, Lorca, and *Bodas de sangre.*" *Anales de la Literatura Española Contemporánea* 11.1-2 (1986): 205-213.

———. *Lorca, a Dream of Life.* New York: Farrar, Straus, Giroux, 1999.

Tirumalesh, K. V. "History, Criticism, and Lorca: The Curious Case of *Blood*

Wedding." *Central Institute of English and Foreign Languages Bulletin* 7.1-2 (1995): 225-237.

Urbina, Eduardo. "De Calderón a Lorca: el tema del honor en *La casa de Bernarda Alba.*" Ed. Michael Mcgaha. *Approaches to the Theater of Calderón.* Washington, DC: UP of America, 1982. 259-270.

Valls Guzman, Fernando. "Ficción y realidad en la génesis de *Bodas de sangre.*" *Ínsula: Revista de Letras y Ciencias Humanas* 24 (1977): 368-369.

Villegas, Juan. "El leitmotiv del caballo en *Bodas de sangre.*" *Hispanofila* 29 (1967): 21-36.

Walsh, John K. "A Genesis for García Lorca's *Bodas de sangre.*" *Hispania: A Journal Devoted to the Teaching of Spanish and Portuguese* 74.2 (1991): 255-261.

———. "The Women in Lorca's Theater." *Gestos: Teoría y Práctica del Teatro Hispánico* 2.3 (1987): 53-65.

Weimer, Christopher Brian, and Harold Bloom. "From Frustration to Empowerment: *Cat on a Hot Tin Roof* and its Debt to García Lorca's *Yerma.*" *Bloom's Modern Critical Interpretations: Cat on a Hot Tin Roof* (2002): 63-72.

Yarmus, Marcia D. "Federico García Lorca's *Yerma* and John Steinbeck's *Burning Bright*: A Comparative Study." *Garcia Lorca Review* 11.1 (1983): 75-86.

Young, R. A. "García Lorca's *La casa de Bernarda Alba*: a Microcosm of Spanish Culture." *Modern Languages* 50 (1969): 66-72.

Zdenek, Joseph W. "La mujer y la frustración en las comedias de García Lorca." *Hispania* 38.1 (1955): 67-69.

Bodas de sangre

Bodas de sangre
Tragedia en tres actos y siete cuadros

Personajes

LA MADRE	LEONARDO
LA NOVIA	EL NOVIO
LA SUEGRA	EL PADRE DE LA NOVIA
LA MUJER	LA LUNA
DE LEONARDO	LA MUERTE
LA CRIADA	(como mendiga)
LA VECINA	LEÑADORES
MUCHACHAS	MOZOS

Acto primero
CUADRO PRIMERO
Habitación pintada de amarillo.

NOVIO   (*Entrando.*) Madre.

MADRE   ¿Qué?

NOVIO   Me voy.

MADRE   ¿Adónde?

NOVIO   A la viña° (*Va a salir.*)   vineyard

MADRE   Espera.

NOVIO	¿Quiere algo?	
MADRE	Hijo, el almuerzo.	
5 NOVIO	Déjelo. Comeré uvas. Dame la navaja.°	knife
MADRE	¿Para qué?	
NOVIO	(*Riendo.*) Para cortarlas.	
10 MADRE	('*Entre dientes*° *y buscándola*.) La navaja, la nava-ja... Maldita sean todas y el bribón que las inventó.[1]	mumbling
NOVIO	Vamos a otro asunto.°	matter
15 MADRE	Y las escopetas° y las pistolas, y el cuchillo más pe-queño, y hasta las azadas° y los bieldos[2] de la era.	shotguns / hoes
NOVIO	Bueno.	
20 MADRE	Todo lo que puede cortar el cuerpo de un hombre. Un hombre hermoso, con su flor en la boca,[3] que sale a las viñas o va a sus olivos° propios, porque son de él, heredados.°	olive trees / inherited
25 NOVIO	(*Bajando la cabeza*.) 'Calle usted.°	be quiet
30 MADRE	...y ese hombre no vuelve. O si vuelve es para po-nerle una palma encima o un plato de sal gorda para que no se hinche.[4] No sé cómo 'te atreves° a llevar una navaja en tu cuerpo, ni cómo yo dejo° a la serpiente dentro del arcón.°	you dare / allow / chest

---

1   **Maldita sean...** *cursed be all knives and the rogue who invented them*

2   Winnowing hooks were agricultural instruments, similar to pitchforks, used to manually separate grains from plants.

3   **Con su...** *in the prime of his life*

4   **Para ponerle...** *to cover him with a palm leaf or rock salt so that his body doesn't swell*

NOVIO   ¿'Está bueno ya?°   are you finished?

MADRE   Cien años que yo viviera no hablaría de otra cosa.⁵ Primero, tu padre, que me olía a clavel° y lo dis-   carnation
fruté 'tres años escasos.°⁶ Luego, tu hermano. ¿Y es   barely
justo y puede ser que una cosa pequeña como una
pistola o una navaja pueda 'acabar con° un hombre,   finish off
que es un toro? No callaría nunca. Pasan los meses
y la desesperación 'me pica en los ojos° y hasta en   stings my eyes
las puntas° del pelo.   tips

NOVIO   (*Fuerte.*) ¿Vamos a acabar?

MADRE   No. No vamos a acabar. ¿Me puede alguien traer
a tu padre y a tu hermano?⁷ Y luego, el presidio.°   prison
¿Qué es el presidio? ¡Allí comen, allí fuman, allí
tocan los instrumentos! Mis muertos llenos de
hierba,° sin hablar, 'hechos polvo° ; dos hombres   grass, turning into dust
que eran dos geranios... Los matadores° en presi-   killers
dio, frescos° viendo los montes...   alive

NOVIO   ¿Es que quiere usted que los mate?⁸

MADRE   No... Si hablo, es porque... ¿Cómo no voy a hablar
viéndote salir por esa puerta? Es que no me gusta
que lleves navaja. Es que.... que no quisiera que sa-
lieras al campo.

NOVIO   (*Riendo.*) ¡Vamos!

MADRE   Que me gustaría que fueras una mujer. No te irías
al arroyo° ahora y bordaríamos° las dos cenefas° y   riverbed, would embroider, linen trim

---

5   **Cien años...** *if I were to live to be one hundred years old I would not speak of anything else*
6   **Me olía...** *smelled like carnations and I could only enjoy him for three years*
7   **Traer a...** *bring your father or brother back to me*
8   **Quiere usted...** *do you want me to kill them*

'perritos de lana.°⁹   *small poodles*

NOVIO   (*'Coge de un brazo° a la Madre y ríe.*) Madre, ¿y si   *takes her by the arm*
yo la llevara conmigo a las viñas?

MADRE   ¿Qué hace en las viñas una vieja? ¿Me ibas a meter°   *put*
debajo de los pámpanos.°   *vines*

NOVIO   (*Levantándola en sus brazos.*) Vieja, revieja, reque-
tevieja.¹⁰

MADRE   Tu padre sí que me llevaba. Eso es buena casta.
Sangre.¹¹ Tu abuelo dejó un hijo en cada esquina.°   *corner*
Eso me gusta. Los hombres, hombres; el trigo,° tri-   *wheat*
go.

NOVIO   ¿Y yo, madre?

MADRE   ¿Tú, qué?

NOVIO   ¿Necesito decírselo otra vez?

MADRE   (*Seria.*) ¡Ah!

NOVIO   ¿Es que le parece° mal?   *seem*

MADRE   No.

NOVIO   ¿Entonces?

MADRE   No lo sé yo misma. Así, de pronto, siempre me sor-
prende. Yo sé que la muchacha es buena. ¿Verdad
que sí? Modosa.° Trabajadora. Amasa° su pan   *well-mannered, she*
y cose° sus faldas, y siento, sin embargo, cuando   *kneads; sews*

---

9 Poodles, or Spanish water dogs, were commonly sewn into linens as
a decorative trim.
10 **Vieja, revieja...** *old lady, you little old, little old lady*
11 **Eso es...** *that is how it is with men of good stock and blood*

la nombro, como si me dieran una pedrada en la
frente.[12]

NOVIO   Tonterías.°   nonsense

MADRE   Más que tonterías. Es que 'me quedo sola.° Ya no   I'll be left alone
me queda más que tú, y siento que te vayas.

NOVIO   Pero usted vendrá con nosotros.

MADRE   No. Yo no puedo dejar aquí solos a tu padre y a tu
hermano. Tengo que ir todas las mañanas, y si me
voy es fácil que muera uno de los Félix, uno de la
familia de los matadores, y 'lo entierren° al lado. ¡Y   they bury him
eso sí que no! ¡Ca! ¡Eso sí que no![13] Porque con las
uñas 'los desentierro° y yo sola 'los machaco° con-   dig them up, crush them
tra la tapia.°   fence

NOVIO   (*Fuerte.*) 'Vuelta otra vez.°   there you go again

MADRE   Perdóname. (*Pausa.*) ¿Cuánto tiempo llevas en
relaciones?[14]

NOVIO   Tres años. Ya pude comprar la viña.

MADRE   Tres años. Ella tuvo un novio, ¿no?

NOVIO   No sé. Creo que no. Las muchachas tienen que mirar con quien se casan.

MADRE   Sí. Yo no miré a nadie. Miré a tu padre, y cuando
lo mataron miré a la pared de enfrente. Una mujer
con un hombre, y ya está.

---

12 **Y siento...** *and nevertheless I feel like somebody has hit me on the
forehead with a stone whenever I mention her name*
13 **¡Y eso...** *that must never happen*
14 **¿Cuánto tiempo...** *how long have you known her*

NOVIO	Usted sabe que mi novia es buena.

MADRE No lo dudo. De todos modos, siento no saber cómo fue su madre.

5 NOVIO ¿Qué más da.° — *why does that matter?*

MADRE (*Mirándole.*) Hijo.

10 NOVIO ¿Qué quiere usted?

MADRE ¡Que es verdad! ¡Que tienes razón! ¿Cuándo quieres que la pida?[15]

15 NOVIO (*Alegre.*) ¿Le parece bien el domingo?

MADRE (*Seria.*) Le llevaré los 'pendientes de azófar° que son antiguos, y tú le compras... — *brass earrings*

20 NOVIO Usted entiende más...

MADRE Le compras unas 'medias caladas° y para ti dos trajes... ¡Tres! ¡No te tengo más que a ti! — *embroidered stockings*

25 NOVIO Me voy. Mañana iré a verla.

MADRE Sí, sí, y a ver si me alegras con seis nietos° o lo que te dé la gana, ya que tu padre no tuvo lugar de hacérmelos a mí.[16] — *grandchildren*

30 NOVIO El primero para usted.

MADRE Sí, pero que haya niñas.[17] Que yo quiero bordar y

---

15 **¿Que es...** *that's true! You are right! When do you want me to ask for her*

16 **A ver...** *see if you can make me happy with six grandchildren, or however many you like, seeing that your father didn't have the chance to give them to me*

17 **Pero que...** *let there be some girls*

'hacer encaje° y estar tranquila.   to make lace

NOVIO   Estoy seguro que usted querrá a mi novia.

5 MADRE   La querré. (*Se dirige a besarlo y reacciona.*[18]) Anda, ya estás muy grande para besos. Se los das a tu mujer. (*Pausa. Aparte.°*) 'Cuando lo sea.°   aside, once she is yours

NOVIO   Me voy.

10

MADRE   Que caves° bien la parte del molinillo° que la tienes descuidada.°   dig, mill / neglected

NOVIO   ¡Lo dicho!°   done

15

MADRE   Anda con Dios. (*Vase el Novio. La madre queda sentada 'de espaldas a° la puerta. Aparece en la puerta una vecina vestida de color oscuro, con pañuelo° a la cabeza.*) Pasa.   with her back to / headscarf

20

VECINA   ¿Cómo estás?

MADRE   Ya ves.

25 VECINA   Yo bajé a la tienda y vine a verte. ¡Vivimos tan lejos...!

MADRE   Hace veinte años que no he subido a lo alto de la calle.

30

VECINA   Tú estas bien.

MADRE   ¿Lo crees?

35 VECINA   'Las cosas pasan.° Hace dos días trajeron al hijo de mi vecina con los dos brazos cortados° por la máquina.° (*Se sienta.*)   things happen / mangled / harvesting machine

---

18 **Se dirige...** *she goes to kiss him and draws back*

MADRE	¿A Rafael?

VECINA　Sí. Y allí lo tienes. Muchas veces pienso que tu hijo y el mío están mejor donde están, dormidos, des- cansando, que no expuestos a 'quedarse inútiles.°　　*become useless*

MADRE　Calla. 'Todo eso son invenciones° pero no consue- los.°　　*all that's just talk* *consolation*

VECINA　¡Ay!

MADRE　¡Ay! (*Pausa.*)

VECINA　(*Triste.*) ¿Y tu hijo?

MADRE　Salió.

VECINA　¡Al fin compró la viña!

MADRE　'Tuvo suerte.°　　*he was lucky*

VECINA　Ahora se casará.

MADRE　(*Como despertando y acercando su silla a la silla de la Vecina.*[19]) Oye.°　　*listen*

VECINA　(*En plan confidencial.*) Dime.

MADRE　¿Tú conoces a la novia de mi hijo?

VECINA　¡Buena muchacha!

MADRE　Sí, pero...

VECINA　Pero quien la conozca a fondo no hay nadie.[20] Vive

19　**Como despertando...** *as though reminded of something, moves her chair closer to her neighbor's*

20　**Pero no...** *but nobody knows her very well*

sola con su padre allí, tan lejos, a diez leguas de la casa más cerca. Pero es buena. Acostumbrada a la soledad.

MADRE   ¿Y su madre?

VECINA   A su madre la conocí. Hermosa. Le relucía° la cara   shined
como un santo; pero a mí no me gustó nunca. No quería a su marido.[21]

MADRE   (*Fuerte.*) Pero ¡cuántas cosas sabéis las gentes!

VECINA   Perdona. No quise ofender; pero es verdad. Ahora,
si fue decente o no, nadie lo dijo. De esto no se ha hablado. Ella era orgullosa.°   proud

MADRE   ¡Siempre igual.°   there you go again

VECINA   Tú me preguntaste.

MADRE   Es que quisiera que ni a la viva ni a la muerte las co-
nociera nadie. Que fueran como dos cardos, que ninguna persona les nombra y pinchan si llega el momento.[22]

VECINA   Tienes razón. Tu hijo 'vale mucho.°   is worth a lot

MADRE   Vale. Por eso 'lo cuido° A mí me habían dicho que   I look after him
la muchacha tuvo novio hace tiempo.

VECINA   Tendría ella quince años.[23] Él se casó ya hace dos
años con una prima de ella, por cierto. Nadie se acuerda del noviazgo.°   courtship

---

21 **No quería...** *she didn't love her husband*

22 **Es que...** *I wish that nobody knew them—neither the alive one (the daughter) nor the dead one (the mother)—like two thistles that nobody mentions and are cut off at the right moment*

23 **Tendría ella...** *she must have been fifteen years old*

MADRE   ¿Cómo te acuerdas tú?

VECINA   ¡Me haces unas preguntas...!

5 MADRE   A cada uno le gusta enterarse de lo que le duele.[24] ¿Quién fue el novio?

VECINA   Leonardo.

10 MADRE   ¿Qué Leonardo?

VECINA   Leonardo, el de los Félix.

MADRE   (*Levantándose.*) ¡De los Félix!

15 VECINA   Mujer, ¿qué culpa tiene Leonardo de nada? Él tenía ocho años cuando las cuestiones.[25]

MADRE   Es verdad... Pero oigo eso de Félix y es lo mismo. (*Entre dientes.*) Félix que llenárseme de cieno la boca (*escupe*), y tengo que escupir, tengo que escupir por no matar.[26]

VECINA   Repórtate.° ¿Qué sacas con eso?[27]   control yourself

MADRE   Nada. Pero tú lo comprendes.

VECINA   No 'te opongas a° la felicidad de tu hijo. No le digas nada. Tú estás vieja. Yo, también. A ti y a mí nos toca callar.[28]   get in the way of

---

24 **A cada...** *we all like to know about what hurts us*

25 **Qué culpa...** *how is Leonardo to blame for anything? He was only eight years old at the time*

26 **Pero oigo...** *but I hear the name Félix and it's all the same. (Muttering.) The name Félix fills my mouth with mud (she spits) and I have to spit, I have to spit so that I won't kill anything*

27 **Qué sacas...** *what good does that do*

28 **A ti...** *it's our turn to keep quiet*

MADRE	No le diré nada.

VECINA	(*Besándola.*) Nada.

MADRE (*Serena.*) ¡Las cosas...!

VECINA Me voy, que pronto llegará mi gente del campo.

MADRE ¿Has visto qué día de calor?

VECINA Iban negros los chiquillos° que llevan el agua a los   children
segadores.° Adiós, mujer.   harvesters

MADRE Adiós. (*Se dirige a la puerta de la izquierda. En
medio del camino se detiene y lentamente 'se santi-*
gua.°)   crosses herself

Telón

CUADRO II

Habitación pintada de rosa con cobres.°   copperware
y 'ramos de flores° populares. En el centro, una mesa con   bouquets of flowers
mantel.° Es la mañana.   tablecloth
Suegra de Leonardo, con un niño en brazos.
'Lo mece.° La Mujer, en la otra esquina,   rocking him
hace 'punto de media.°   stitching stockings

SUEGRA Nana° niño, nana   lullaby
del caballo grande
que no quiso el agua.
El agua era negra
dentro de las ramas.°   branches
Cuando llega al puente.°   bridge
se detiene y canta.
¿Quién dirá, mi niño,
lo que tiene el agua
con su larga cola.°   tail

	por su verde sala.°	hall
MUJER	(*Bajo.*°) Duérmete, clavel	softly
	que el caballo no quiere beber.	

5

SUEGRA	Duérmete, rosal.°	my rose
	que el caballo se pone a llorar.	
	Las 'patas heridas.°	wounded legs
	las 'crines heladas.°	frozen manes
	dentro de los ojos	
	'un puñal de plata.°	a silver dagger
	Bajaban al río.	
	¡Ay, cómo bajaban!	
	La sangre corría	
	más fuerte que el agua.	

10

15

MUJER	Duérmete, clavel,
	que el caballo no quiere beber.

20

SUEGRA	Duérmete, rosal,
	que el caballo se pone a llorar.

MUJER	No quiso tocar	
	la 'orilla mojada.°	wet river bank
	su belfo° caliente	muzzle
	con moscas° de plata.	flies
	A los montes duros	
	solo relinchaba° con el río muerto	whinnied
	sobre la garganta.	
	¡Ay caballo grande	
	que no quiso el agua!	
	¡Ay dolor de nieve,	
	caballo del alba.°	dawn

25

30

SUEGRA	¡No vengas! Detente,
	cierra la ventana
	con ramas de sueños
	y sueño de ramas.

35

MUJER	Mi niño se duerme.	
SUEGRA	Mi niño se calla.	

| 5 | MUJER | Caballo, mi niño
tiene una almohada.° | pillow |

| | SUEGRA | Su 'cuna de acero.° | steel cradle |

| 10 | MUJER | Su 'colcha de holanda.° | Holland bedspread |

| | SUEGRA | Nana, niño, nana. | |

| 15 | MUJER | ¡Ay caballo grande
que no quiso el agua! | |

| 20 | SUEGRA | ¡No vengas, no entres!
Vete a la montaña.
Por los valles grises
donde está la jaca.° | wild mare |

| | MUJER | (*Mirando.*) Mi niño se duerme. | |

| 25 | SUEGRA | Mi niño descansa. | |

| | MUJER | (*Bajito.*) Duérmete, clavel,
que el caballo no quiere beber. | |

| 30 | SUEGRA | (*Levantándose, y muy bajito.*)
Duérmete, rosal.
que el caballo se pone a llorar. | |

Entran al niño.[29] Entra Leonardo.

| 35 | LEONARDO | ¿Y el niño? |

| | MUJER | Se durmió. |

---

29 **Entran al...** *they place the baby in the cradle*

LEONARDO   Ayer no estuvo bien. Lloró por la noche.

MUJER   (*Alegre.*) Hoy está como una dalia. ¿Y tú? ¿Fuiste a casa del herrador?[30]

LEONARDO   De allí vengo. ¿'Querrás creer?° Llevo más de dos meses poniendo herraduras° nuevas al caballo y siempre se le caen. Por lo visto se las arranca° con las piedras. would you believe it
horse shoes
pulls them off

MUJER   ¿Y no será que lo usas mucho?

LEONARDO   No. Casi no lo utilizo.

MUJER   Ayer me dijeron las vecinas que te habían visto al límite de los llanos.° plains

LEONARDO   ¿Quién lo dijo?

MUJER   Las mujeres que cogen° las alcaparras.° Por cierto que me sorprendió. ¿Eras tú? pick, capers

LEONARDO   No. ¿Qué iba a hacer yo allí en aquel secano.° wasteland

MUJER   Eso dije. Pero el caballo estaba reventando de sudar.[31]

LEONARDO   ¿Lo viste tú?

MUJER   No. Mi madre.

LEONARDO   ¿Está con el niño?

MUJER   Sí. ¿Quieres un refresco de limón?

---

30 A *farrier* (**herrador**) is a veterinary blacksmith who specializes in equine hoof care.

31 **El caballo...** *the horse was soaked in sweat*

LEONARDO	Con el agua bien fría.
MUJER	¡Cómo no viniste a comer!...
LEONARDO	Estuve con los 'medidores del trigo.° Siempre en- tretienen.°
MUJER	(*Haciendo el refresco y muy tierna.°*) ¿Y lo pagan a buen precio?
LEONARDO	El justo.
MUJER	'Me hace falta° un vestido y al niño una 'gorra con lazos.°
LEONARDO	(*Levantándose.*) Voy a verlo.
MUJER	Ten cuidado, que está dormido.
SUEGRA	(*Saliendo.*) Pero ¿quién da esas carreras al caballo?[32] Está abajo, tendido° con los 'ojos desorbitados° como si llegara del fin del mundo.
LEONARDO	(*Agrio.°*) Yo.
SUEGRA	Perdona; tuyo es.
MUJER	(*Tímida.*) Estuvo con los medidores del trigo.
SUEGRA	Por mí, que reviente.[33] (*Se sienta.*) (*Pausa.*)
MUJER	El refresco. ¿Está frío?
LEONARDO	Sí.

Glosses (right margin):
- 5 wheat assessors / entertain
- affectionate
- I need / bonnet with ribbons
- 20 lying down, eyes pop- / ping out
- sourly

---

32 **¿Quién da...** *who has been racing the horse*
33 **Por mí...** *for all I care, he can burst*

MUJER   ¿Sabes que piden a mi prima?[34]

LEONARDO   ¿Cuándo?

5 MUJER   Mañana. La boda será dentro de un mes. Espero
             que vendrán a invitarnos.

LEONARDO   (*Serio.*) No sé.

10 SUEGRA   La madre de él creo que no estaba muy satisfecha
              con el casamiento.°   match

LEONARDO   Y quizá tenga razón. Ella es de cuidado.[35]

15 MUJER   No me gusta que penséis mal de una buena mu-
              chacha.

SUEGRA   Pero cuando dice eso es porque la conoce. ¿No ves
             que fue tres años novia suya? (*Con intención.*)
20
LEONARDO   Pero la dejé. (*A su Mujer.*) ¿Vas a llorar ahora?
             ¡Quita!° (*La aparta bruscamente las manos de la*   stop it
             cara.)[36] Vamos a ver al niño.

25   *Entran abrazados.°*   arm in arm
             Aparece la Muchacha, alegre. Entra corriendo.

MUCHACHA Señora.

30 SUEGRA   ¿Qué pasa?

MUCHACHA Llegó el novio a la tienda y ha comprado todo lo
         mejor que había.

35 SUEGRA   ¿Vino solo?

---

34 **¿Sabes que...** *did you know that they will ask for my cousin's hand*
35 **Y quizá...** *perhaps she is right. She is someone to be reckoned with*
36 **La aparta...** *he brusquely pulls her hands away from her face*

MUCHACHA No, con su madre. Seria, alta. (*La imita.*) Pero ¡qué lujo!°   extravagance

SUEGRA Ellos tienen dinero.

5 MUCHACHA ¡Y compraron unas medias caladas!... ¡Ay, qué medias! ¡El sueño de las mujeres en medias! Mire usted: una golondrina° aquí (*'señala el tobillo°*), un   swallow, points to her   ankle, calf barco aquí (*señala la pantorrilla°*) y aquí una rosa. 10 (*Señala el muslo.°*)   thigh

SUEGRA ¡Niña!

MUCHACHA ¡Una rosa con las semillas° y el tallo!° ¡Ay! ¡Todo   seeds, stem 15 en seda!°   silk

SUEGRA Se van a juntar° dos buenos capitales.°   unite, fortunes

Aparecen Leonardo y su Mujer.

20 MUCHACHA Vengo a deciros lo que están comprando.

LEONARDO (*Fuerte.*) 'No nos importa.°   we don't care

25 MUJER Déjala.°   leave her alone

SUEGRA Leonardo, no es para tanto.

MUCHACHA 'Usted dispense.° (*Se va llorando.*)   excuse me

30 SUEGRA ¿Qué necesidad tienes de ponerte a mal con las gentes?

LEONARDO No le he preguntado su opinión. (*Se sienta.*)

35 SUEGRA Está bien. (*Pausa.*)

MUJER (*A Leonardo.*) ¿Qué te pasa? ¿Qué idea te bulle°   boils

por dentro de cabeza? No me dejes así, sin saber
nada...[37]

LEONARDO   Quita.

5

MUJER   No. Quiero que me mires y me lo digas.

LEONARDO   Déjame. (*Se levanta.*)

10 MUJER   ¿Adónde vas, hijo?

LEONARDO   (*Agrio.*) ¿Te puedes callar?

SUEGRA   (*Enérgica, a su hija.*) ¡Cállate! (*Sale Leonardo.*) ¡El
15   niño!

        Entra y vuelve a salir con él en brazos.
        La Mujer ha permanecido de pie, inmóvil.

20   Las patas heridas,
        las crines heladas,
        dentro de los ojos
        un puñal de plata.
        Bajaban al río.
25   La sangre corría
        más fuerte que el agua.

MUJER   (*Volviéndose*° *lentamente y como soñando.*°)   turning around, dreaming
        Duérmete, clavel,
30   que el caballo se pone a beber.

SUEGRA   Duérmete, rosal,
        que el caballo se pone a llorar.

35 MUJER   Nana, niño, nana.

---

37 **¿Qué idea...** *what idea is cooking up inside your head? Don't leave me
like this, without knowing anything*

| SUEGRA | ¡Ay, caballo grande, que no quiso el agua! |

SUEGRA   ¡Ay, caballo grande,
que no quiso el agua!

MUJER   (*Dramática.*)
¡No vengas, no entres!
¡Vete a la montaña!
¡Ay dolor de nieve,
caballo del alba!

SUEGRA   (*Llorando.*) Mi niño se duerme...

MUJER   (*Llorando y acercándose lentamente.*)
Mi niño descansa...

SUEGRA   Duérmete, clavel,
que el caballo no quiere beber.

MUJER   (*Llorando y apoyándose° sobre la mesa.*)   leaning herself
Duérmete, rosal,
que el caballo se pone a llorar.

Telón

CUADRO III

Interior de la cueva° donde vive la novia.   cave
Al fondo, una cruz° de grandes flores rosa. Las puertas,   cross
redondas,° con 'cortinajes de encaje° y lazo rosa.   round, lace curtains
Por las paredes de material blanco y duro, abanicos°   fans
redondos, jarros° azules y pequeños espejos.°   pitchers, mirrors

CRIADA   Pasen... (*Muy afable, llena de hipocresía humilde.*
Entran el Novio y su Madre. La Madre viste de
'*raso negro*° *y lleva* 'mantilla de encaje.°[38] *El Novio,*   black satin, lace mantilla
de pana° *negra con gran* 'cadena de oro.°) *¿Se quie-*   corduroy, gold chain
ren sentar? Ahora vienen. (*Sale.*)

---

38 A mantilla is a traditional Spanish shawl, usually worn over the head
and shoulders

Quedan Madre e Hijo sentados, inmóviles como estatuas.
Pausa larga.

MADRE   ¿Traes el reloj?°   *watch*

NOVIO   Sí. (*Lo saca*° *y lo mira.*)   *takes it out*

MADRE   Tenemos que volver 'a tiempo.° ¡Qué lejos vive   *on time*
esta gente!

NOVIO   Pero estas tierras son buenas.

MADRE   Buenas; pero demasiado solas. 'Cuatro horas de
camino° y ni una casa ni un árbol.   *a four hour trip*

NOVIO   Estos son los secanos.

MADRE   Tu padre los hubiera cubierto de árboles.

NOVIO   ¿Sin agua?

MADRE   Ya la hubiera buscado. Los tres años que estuvo
casado conmigo, plantó diez cerezos.° (*Haciendo*   *cherry trees*
memoria.) Los tres nogales° del molino, toda una   *walnut trees*
viña y una planta que se llama Júpiter, que da flores
encarnadas° y 'se secó.° (*Pausa.*)   *red, dried up*

NOVIO   (*Por la Novia.*)³⁹ Debe estar vistiéndose.°   *getting dressed*

Entra el Padre de la novia. Es anciano,° *con el*   *elderly*
cabello blanco reluciente.° *'Lleva la cabeza inclinada.*° *shiny, his head is bowed*
La Madre y el Novio se levantan y se dan
*las manos en silencio.*⁴⁰

PADRE   ¿Mucho tiempo de viaje?

---

39 **Por la...** *referring to the Bride*
40 **Se dan...** *they shake hands in silence*

MADRE	Cuatro horas. (*Se sientan.*)	
PADRE	Habéis venido por 'el camino más largo.°	longest route
5 MADRE	Yo estoy ya vieja para andar por las terreras° del río.	silt banks
NOVIO	Se marea.° (*Pausa.*)	she gets naseous
PADRE	Buena 'cosecha de esparto.°[41]	alpha grass harvest

10

NOVIO	Buena de verdad.	
PADRE	En mi tiempo, ni esparto daba esta tierra. Ha sido necesario castigarla y hasta llorarla, para que nos dé algo provechoso.°[42]	useful
MADRE	'Pero ahora da.° No te quejes. Yo no vengo a pedirte nada.	now it produces
20 PADRE	(*Sonriendo.*) Tú eres más rica que yo. Las viñas valen un capital. Cada pámpano una moneda de plata. Lo que siento es que las tierras.... ¿entiendes?... estén separadas. A mí me gusta todo junto. Una espina° tengo en el corazón, y es la huertecilla° esa 'metida entre° mis tierras, que no me quieren vender por todo el oro del mundo.	thorn, small orchard / in between
NOVIO	Eso pasa siempre.	
30 PADRE	Si pudiéramos con veinte pares de bueyes° traer tus viñas aquí y ponerlas en la ladera.° ¡Qué alegría!...	oxen / hillside
MADRE	¿Para qué?	

---

41 Alpha grass is cultivated in the southern Iberian Peninsula and in Africa, and is used for basket weaving and other arts and crafts.

42 **Ha sido...** *it was necessary to labor and toil over the land to make it fruitful*

PADRE   Lo mío es de ella y lo tuyo de él. Por eso. Para verlo
todo junto, ¡que junto es 'una hermosura!°   *a beautiful sight*

NOVIO   Y sería menos trabajo.

MADRE   Cuando yo me muera, vendéis aquello y compráis
aquí al lado.

PADRE   Vender, ¡vender! ¡Bah! comprar hija, comprarlo
todo. Si yo hubiera tenido hijos hubiera comprado todo este monte hasta la parte del arroyo.
Porque no es buena tierra; pero con brazos se la
hace buena, y como no pasa gente no te roban los
frutos y puedes dormir tranquilo. (*Pausa.*)

MADRE   Tú sabes 'a lo que vengo.°   *why I've come*

PADRE   Sí.

MADRE   ¿Y qué?

PADRE   Me parece bien. Ellos lo han hablado.

MADRE   Mi hijo tiene y puede.[43]

PADRE   Mi hija también.

MADRE   Mi hijo es hermoso. No ha conocido mujer. La
honra más limpia que una sábana° puesta al sol.   *sheet*

PADRE   Qué te digo de la mía. Hace las migas[44] a las tres,
cuando el lucero.° No habla nunca; suave como la   *morning star*
lana, borda toda clase de bordados° y puede cortar   *embroideries*

---

43   **Mi hijo...** *my son has money and knows how to manage it*

44   **Migas** (lit. *bread crumbs*) are a traditional Spanish dish consisting
of day-old bread, olive oil, garlic, and a variety of chopped up meats and
vegetables.

una maroma° con los dientes.   rope

MADRE   Dios bendiga° su casa.   bless

5 PADRE   Que Dios la bendiga.

             Aparece la Criada con dos bandejas.°   trays
             Una con copas° y la otra con dulces.°   wine glasses, sweets

10 MADRE   (*Al Hijo.*) ¿Cuándo queréis la boda?

NOVIO   El jueves próximo.

PADRE   Día en que ella cumple veintidós años justos.

15
MADRE   ¡Veintidós años! Esa edad tendría mi hijo mayor si
             viviera. Que viviría caliente y macho como era, si
             los hombres no hubieran inventado las navajas.[45]

20 PADRE   En eso no hay que pensar.

MADRE   Cada minuto. Métete la mano en el pecho.[46]

PADRE   Entonces el jueves. ¿No es así?

25
NOVIO   Así es.

PADRE   Los novios y nosotros iremos en coche hasta la
             iglesia, que está muy lejos, y el acompañamiento°   wedding party
30   en los carros° y en las caballerías° que traigan.[47] horse-drawn carts,
                                                                    mounts

MADRE   Conformes.°   agreed

---

45 **Que viviría...** *he would be alive, warm and virile like he was, if man
had not invented knives*

46 **Cada minuto...** *every minute. Hand on heart*

47 **El acompañamiento...** *the wedding party with follow on mounts and
horse-drawn carts*

Pasa la Criada.

PADRE   Dile que ya puede entrar. (*A la Madre.*) Celebraré
mucho que te guste.[48]

*Aparece la Novia. Trae las manos caídas en actitud modesta
y la cabeza baja.*

MADRE   Acércate. ¿Estás contenta?

NOVIA   Sí, señora.

PADRE   No debes estar seria. 'Al fin y al cabo° ella va a ser   after all
tu madre.

NOVIA   Estoy contenta. Cuando he dado el sí es porque
quiero darlo.

MADRE   Naturalmente. (*Le coge la barbilla.°*) Mírame.   chin

PADRE   'Se parece en todo° a mi mujer.   she looks just like

MADRE   ¿Sí? ¡Qué hermoso mirar![49] ¿Tú sabes lo que es casarse, criatura?°   child

NOVIA   (*Seria.*) Lo sé.

MADRE   Un hombre, unos hijos y una pared 'de dos varas
de ancho° para 'todo lo demás.°   two yards thick, everything else

NOVIO   ¿Es que hace falta otra cosa?[50]

MADRE   No. Que vivan todos, ¡eso! ¡Que vivan!

NOVIA   'Yo sabré cumplir.°   I will do my duty

---

48 **Celebraré mucho...** *I will be pleased if you like her*
49 **¡Qué hermoso...** *what a beautiful countenance*
50 **¿Es que...** *is anything else necessary*

MADRE	Aquí tienes unos regalos.
NOVIA	Gracias.
PADRE	¿No tomamos algo?
MADRE	Yo no quiero. (*Al Novio.*) ¿Y tú?
NOVIO	Tomaré. (*Toma un dulce. La Novia toma otro.*)
PADRE	(*Al Novio.*) ¿Vino?
MADRE	'No lo prueba.°
PADRE	¡Mejor! (*Pausa. Todos están de pie.*)
NOVIO	(*A la Novia.*) Mañana vendré.
NOVIA	¿A qué hora?
NOVIO	A las cinco.
NOVIA	Yo te espero.
NOVIO	Cuando me voy de tu lado siento un despego° grande y así como un nudo° en la garganta.
NOVIA	Cuando seas mi marido ya no lo tendrás.
NOVIO	Eso digo yo.
MADRE	Vamos. El sol no espera. (*Al Padre.*) ¿Conformes en todo?
PADRE	Conformes.
MADRE	(*A la Criada.*) Adiós, mujer.

° he never touches it

° emptiness
° lump

CRIADA Vayan ustedes con Dios.

     La Madre besa a la Novia
     y van saliendo en silencio.

MADRE (*En la puerta.*) Adiós, hija. (*La Novia* ʼcontesta
     con la mano.°)   waves her hand

PADRE Yo salgo con vosotros. (*Salen.*)

CRIADA Que reviento por ver los regalos.[51]

NOVIA (*Agria.*) Quita.

CRIADA ¡Ay, niña, enséñamelos!°   show them to me

NOVIA No quiero.

CRIADA Siquiera° las medias. Dicen que todas son caladas. at least
     ¡Mujer!

NOVIA ¡Ea, que no!

CRIADA Por Dios. Está bien. Parece como si no tuvieras ga-
     nas de casarte.[52]

NOVIA (*Mordiéndose° la mano con rabia.°*) ¡Ay!   biting, anger

CRIADA Niña, hija, ¿qué te pasa? ¿Sientes dejar tu ʼvida de
     reina?° No pienses en cosas agrias. ¿Tienes mo- queen's life
     tivo? Ninguno. Vamos a ver los regalos. (*Coge la*
     caja.°)   box

NOVIA (*Cogiéndola° de las muñecas.°*) Suelta.°   grabbing her, wrists,
                          let go

---

51 **Que reviento...** *I am dying to see the presents*
52 **Parece como...** *it seems like you don't really want to get married*

CRIADA	¡Ay, mujer!
NOVIA	Suelta he dicho.
CRIADA	Tienes más fuerza que un hombre.
NOVIA	¿No he hecho yo trabajos de hombre? ¡'Ojalá fuera.°

if only I were one

CRIADA	¡No hables así!
NOVIA	Calla he dicho. Hablemos de otro asunto.

La luz va desapareciendo de la escena.
Pausa larga.

CRIADA	¿Sentiste anoche un caballo?[53]
NOVIA	¿A qué hora?
CRIADA	A las tres.
NOVIA	Sería un caballo suelto de la manada.°

herd

CRIADA	No. Llevaba jinete.°

rider

NOVIA	¿Por qué lo sabes?
CRIADA	Porque lo vi. Estuvo parado en tu ventana.[54] 'Me chocó mucho.°

I was very surprised

NOVIA	¿No sería mi novio? Algunas veces ha pasado a esas horas.
CRIADA	No.

---

53 **¿Sentiste anoche...** *did you hear a horse last night*
54 **Estuvo parado...** *he was standing by your window*

NOVIA   ¿Tú le viste?

CRIADA   Sí.

NOVIA   ¿Quién era?

CRIADA   Era Leonardo.

NOVIA   (*Fuerte.*) ¡Mentira! ¡Mentira! ¿A qué viene aquí?[55]

CRIADA   Vino.

NOVIA   ¡Cállate! ¡Maldita sea tu lengua!

          Se siente el ruido de un caballo.[56]

CRIADA   (*En la ventana.*) Mira, asómate.° ¿Era?°   lean out, was it him

NOVIA   ¡Era!

          Telón rápido

---

55 **¡Mentira! ¡Mentira...** *it's a lie! It's a lie! Why would he come here*
56 **Se siente...** *the sound of a horse is heard*

Acto segundo

CUADRO PRIMERO

Zaguán° de casa de la Novia. Portón° al fondo.°   entry hall, large door, in
Es de noche. La Novia sale con enaguas blancas   the back
encañonadas llenas de encajes y puntas bordadas,
y un corpiño blanco, con los brazos al aire.[1]
       La Criada lo mismo.

CRIADA   Aquí te acabaré de peinar.[2]

NOVIA   No se puede estar ahí dentro, del calor.

CRIADA   En estas tierras no refresca ni al amanecer.°   dawn

       Se sienta la Novia en una silla baja y
   se mira en un espejito de mano. La Criada la peina.

NOVIA   Mi madre era de un sitio donde había muchos ár-
       boles. De tierra rica.

CRIADA   ¡Así era ella de alegre!

NOVIA   Pero 'se consumió° aquí.   she wasted away

---

   1 **La Novia...** *the bride enters wearing ruffled white petticoats full of lace*
and embroidered bands, and an sleeveless white bodice
    2 **Aquí te...** *I will finish combing your hair out here*

CRIADA   El sino.°   fate

NOVIA   Como nos consumimos todas. Echan fuego las
paredes.³ ¡Ay! no tires° demasiado.   pull

5

CRIADA   Es para arreglarte° mejor esta onda.° Quiero que   fix, wave
te caiga sobre la frente. (*La Novia se mira en el es-
pejo.*) ¡Qué hermosa estás! ¡Ay! (*La besa apasiona-
damente.*)

10

NOVIA   (*Seria.*) Sigue peinándome.

CRIADA   (*Peinándola.*) ¡Dichosa tú° que vas a abrazar° a un   lucky you, embrace
hombre, que lo vas a besar, que vas a sentir su peso.°   weight

15

NOVIA   Calla.

CRIADA   Y lo mejor es cuando te despiertes y lo sientas al
lado y que él te roza los hombros con su aliento,
20   como con una plumilla de ruiseñor.⁴

NOVIA   (*Fuerte.*) ¿Te quieres callar?

CRIADA   ¡Pero, niña! Una boda, ¿qué es? Una boda es esto y
25   nada más. ¿Son los dulces? ¿Son los ramos de flores? No. Es una cama relumbrante° y un hombre y   shining
una mujer.

NOVIA   No se debe decir.

30

CRIADA   Eso es otra cosa. ¡Pero es bien alegre!

NOVIA   O bien amargo.°   bitter

CRIADA   El azahar° te lo voy a poner desde aquí hasta aquí,   orange blossom

---

3 **Echan fuego...** *the walls give off fire*
4 **Y que...** *and his breath brushes up against your shoulders, just like a
nightingale's feather*

de modo que la corona luzca sobre el peinado.[5] (*Le prueba un ramo de azahar.*)

NOVIA (*Se mira en el espejo.*) Trae. (*Coge el azahar y lo mira y deja caer la cabeza abatida.*)[6]

CRIADA ¿Qué es esto?

NOVIA Déjame.

CRIADA No son horas de ponerse triste. (*Animosa.*) Trae el azahar. (*La novia tira el azahar.*) ¡Niña! ¿Qué castigo° pides tirando al suelo la corona?[7] ¡Levanta esa frente! ¿Es que no te quieres casar? Dilo. Todavía 'te puedes arrepentir.° (*Se levanta.*)   punishment

    change your mind

NOVIA Son nublos.° Un mal aire en el centro, ¿quién no lo tiene?   storm clouds

CRIADA Tú quieres a tu novio.

NOVIA Lo quiero.

CRIADA Sí, sí, estoy segura.

NOVIA Pero este es un paso° muy grande.   step

CRIADA 'Hay que darlo.°   you have to take it

NOVIA Ya me he comprometido.°   made a commitment

CRIADA Te voy a poner la corona.

NOVIA (*Se sienta.*) Date prisa° que ya deben ir llegando.   hurry up

---

5 **La corona...** *so that the garland shines on top of your hair*
6 **Deja caer...** *lets her head fall, dispirited*
7 **¿Qué castigo...** *you're asking for it by throwing your garland on the ground*

CRIADA   Ya llevarán lo menos dos horas de camino.

NOVIA   ¿Cuánto hay de aquí a la iglesia?[8]

5 CRIADA   Cinco leguas por el arroyo, que por el camino hay
el doble.

La Novia se levanta y la Criada se entusiasma al verla.

10   Despierte la novia
la mañana de la boda.
¡Que los ríos del mundo
lleven tu corona!

15 NOVIA   (*Sonriente.°*) Vamos.   smiling

CRIADA   (*La besa entusiasmada y baila alrededor.*)
Que despierte
con el ramo verde
20   del laurel° florido.   laurel tree
¡Que despierte
por el tronco° y la rama   trunk
de los laureles!

25   *Se oyen unos aldabonazos.°*   loud knocks

NOVIA   ¡Abre! Deben ser los primeros convidados.° (*Entra.*   guests
La Criada abre sorprendida.)

30 CRIADA   ¿Tú?

LEONARDO   Yo. Buenos días.

CRIADA   ¡El primero!

35
LEONARDO   ¿No me han convidado?°   invited

---

8 **¿Cuánto hay...** *how far is it from here to the church*

CRIADA   Sí.

LEONARDO   Por eso vengo.

CRIADA   ¿Y tu mujer?

LEONARDO   Yo vine a caballo. Ella se acerca por el camino.

CRIADA   ¿No te has encontrado a nadie?

LEONARDO   Los pasé con el caballo.

CRIADA   Vas a matar al animal con tanta carrera.

LEONARDO   ¡Cuando se muera, muerto está! (*Pausa.*)

CRIADA   Siéntate. Todavía no se ha levantado nadie.

LEONARDO   ¿Y la novia?

CRIADA   Ahora mismo la voy a vestir.

LEONARDO   ¡La novia! ¡Estará contenta!

CRIADA   (*'Variando la conversación.°*) ¿Y el niño?   changing the subject

LEONARDO   ¿Cuál?

CRIADA   Tu hijo.

LEONARDO   (*Recordando como soñoliento.°*) ¡Ah!   dreamily

CRIADA   ¿Lo traen?

LEONARDO   No. (*Pausa. Voces cantando muy lejos.*)

VOCES   ¡Despierte la novia
                la mañana de la boda!

LEONARDO	Despierte la novia la mañana de la boda.

5 CRIADA	Es la gente. Vienen lejos todavía.[9]

LEONARDO (*Levantándose.*) La novia llevará una corona grande, ¿no? No debía ser tan grande. Un poco más
pequeña 'le sentaría° mejor. ¿Y trajo ya el novio el would suit her
10 azahar que se tiene que poner en el pecho?

NOVIA (*Apareciendo todavía en enaguas y con la corona de
azahar puesta.*) Lo trajo.

15 CRIADA (*Fuerte.*) No salgas así.

NOVIA ¿Qué más da?° (*Seria.*) ¿Por qué preguntas si traje- who cares?
ron el azahar? ¿Llevas intención?[10]

20 LEONARDO Ninguna. ¿Qué intención iba a tener? (*Acercándose.*) Tú, que me conoces, sabes que no la
llevo. Dímelo. ¿Quién he sido yo para ti? Abre y
'refresca tu recuerdo.° Pero dos bueyes y una 'mala refresh your memory
choza° son casi nada. Esa es la espina. ramshackle hut
25

NOVIA ¿A qué vienes?

LEONARDO A ver tu casamiento.

30 NOVIA ¡También yo vi el tuyo!

LEONARDO Amarrado por ti, hecho con tus dos manos.[11] A mí
me pueden matar, pero no me pueden escupir. Y
la plata, que brilla° tanto, escupe algunas veces. shines

---

9 **Vienen lejos...** *they are still far away*
10 **¿Llevas intención...** *what are your intentions*
11 **Amarrado por...** *tied up by you, by both of your hands*

NOVIA   ¡Mentira!

LEONARDO   No quiero hablar, porque soy hombre de sangre, y no quiero que todos estos cerros° oigan mis voces.   hills

NOVIA   Las mías serían más fuertes.

CRIADA   Estas palabras no pueden seguir. Tú no tienes que hablar de lo pasado. (*La Criada mira a las puertas* 'presa de inquietud.°')   full of anxiety

NOVIA   Tienes razón. Yo no debo hablarte siquiera.¹² Pero 'se me calienta el alma° de que vengas a verme y atisbar° mi boda y preguntes con intención por el azahar. Vete y espera a tu mujer en la puerta.   burns my soul   spy on

LEONARDO   ¿Es que tú y yo no podemos hablar?

CRIADA   (*Con rabia.°*) No; no podéis hablar.   anger

LEONARDO   Después de mi casamiento he pensado noche y día de quién era la culpa, y cada vez que pienso sale una culpa nueva que se come a la otra; pero ¡siempre hay culpa!

NOVIA   Un hombre con su caballo sabe mucho y puede mucho para poder estrujar° a una muchacha metida en un desierto. Pero yo tengo orgullo. Por eso me caso. Y 'me encerraré° con mi marido, a quien tengo que querer 'por encima de todo.°   crumple   shut myself in   above all else

LEONARDO   El orgullo 'no te servirá° de nada. ('*Se acerca.°*)   will not help you, moves closer

NOVIA   ¡No te acerques!

LEONARDO   Callar y quemarse° es el castigo más grande que 'nos podemos echar encima.° ¿De qué me sirvió a   to burn with desire   bring on ourselves

---

12 **Yo no...** *I shouldn't even speak to you*

mí el orgullo y el no mirarte y el dejarte despierta
noches y noches? ¡De nada! ¡Sirvió para 'echarme
fuego encima.° Porque tú crees que el tiempo cura   *feed the fire*
y que las paredes tapan° y no es verdad, no es ver-   *cover everything up*
dad. ¡Cuando las cosas 'llegan a los centros° no hay   *get so deep*
quien las arranque!¹³

NOVIA   (*Temblando.°*) No puedo oírte. No puedo oír tu   *trembling*
voz. Es como si me bebiera una botella de anís y
me durmiera en una 'colcha de rosas.° Y 'me arras-   *bed of roses*
tra° y sé que me ahogo° pero voy detrás.   *it drags me away, drown*

CRIADA   (*Cogiendo a Leonardo por las solapas.°*) ¡Debes irte   *lapels*
ahora mismo!

LEONARDO   Es la última vez que voy a hablar con ella. No te-
mas nada.

NOVIA   Y sé que estoy loca y sé que tengo el pecho podrido de aguantar, y aquí estoy quieta por oírlo, por
verlo menear los brazos.¹⁴

LEONARDO   No me quedo tranquilo si no te digo estas cosas.
Yo me casé. Cásate tú ahora.

CRIADA   (*A Leonardo.*) ¡Y se casa!

VOCES   (*Cantando más cerca.*) Despierte la novia
la mañana de la boda.

NOVIA   ¡Despierte la novia! (*Sale corriendo a su cuarto.*)

CRIADA   Ya está aquí la gente. (*A Leonardo.*) No te vuelvas
a acercar a ella.¹⁵

---

13 **no hay...** *there is no stopping them*
14 **sé que...** *I know that I am heartsick from longing, and yet I am comforted by hearing him and by seeing him flail his arms about*
15 **No te vuelvas...** *don't get near her again*

LEONARDO	Descuida.° (*Sale por la izquierda. Empieza a cla-rear° el día.*)	don't worry to brighten

MUCHACHA 1ª (*Entrando.*)
Despierte la novia
la mañana de la boda;
'ruede la ronda.°   the round rolls on
y en cada balcón una corona.

VOCES   ¡Despierte la novia!

CRIADA   ('*Moviendo algazara.°*)   creating enthusiasm
Que despierte
con el ramo verde
del amor florido.
¡Que despierte
por el tronco y la rama
de los laureles!

MUCHACHA 2ª (*Entrando.*)
Que despierte
con el largo pelo,
camisa de nieve,
botas de charol° y plata   patent leather
y jazmines en la frente.

CRIADA   ¡Ay pastora,°   shepherdess
que la luna asoma!°   appears

MUCHACHA 1ª ¡Ay galán,°   young man
deja tu sombrero por el olivar!°   olive grove

MOZO 1°   (*Entrando con el sombrero en alto.*)
Despierte la novia.
Que por los campos viene
rondando la boda,[16]
con bandejas de dalias

---

16 **Que por...** *for through the fields the wedding draws nigh*

y panes° de gloria.   pastries

VOCES   ¡Despierte la novia!

5 MUCHACHA 2ª La novia
                 se ha puesto su blanca corona,
                 y el novio
                 'se la prende° con lazos de oro.   fastens it on her

10 CRIADA   Por el toronjil° la novia no puede dormir.¹⁷   citron orchard

MUCHACHA 3ª (*Entrando.*)
                 Por el naranjel° el novio le ofrece cuchara y mantel. orange grove

15   *Entran tres convidados.*

MOZO 1º   ¡Despierta, paloma.°   dove
                 El alba despeja° campanas° de sombra.   dispels, bells
                 La novia, la blanca novia,
20   hoy doncella,°   maiden
                 mañana señora.

MUCHACHA 1ª Baja, morena,
                 arrastrando tu 'cola de seda.°   silk train
25
CONVIDADO Baja, morenita.
                 que llueve rocío° la mañana fría.   dew

MOZO 1º   Despertad, señora, despertad,
30   porque viene el aire lloviendo azahar.

CRIADA   Un árbol quiero bordarle
                 lleno de 'cintas granates° en cada cinta un amor y   maroon ribbons
                 con vivas alrededor.¹⁸

---

17 A citron is a dry citrus fruit, originally from the east, commonly
cultivated in Mediterranean countries. Since the Middle Ages the citron has
often been used for medicinal purposes.

18 **Vivas** refers to the celebratory expression "Vivan los novios," or

VOCES   Despierte la novia.

MOZO 1º   ¡La mañana de la boda!

5 CONVIDADO La mañana de la boda
            qué galana vas a estar,
            pareces, flor de los montes,
            la mujer de un capitán.

10 PADRE   (*Entrando.*) La mujer de un capitán
            se lleva el novio.
            ¡Ya viene con sus bueyes por el tesoro!°   treasure

MUCHACHA 3ª El novio
15   parece la flor del oro.
            Cuando camina,
            a sus plantas se agrupan las clavelinas.[19]

CRIADA   ¡Ay mi niña dichosa!
20
MOZO 2º   Que despierte la novia.

CRIADA   ¡Ay mi galana!

25 MUCHACHA 1ª La boda está llamando
            por las ventanas.

MUCHACHA 2ª Que salga la novia.

30 MUCHACHA 1ª ¡Que salga, que salga!

CRIADA   ¡Que toquen y repiquen° las campanas!   peal

MOZO 1º   ¡Que viene aquí! ¡Que sale ya!
35
CRIADA   ¡Como un toro, la boda

"Long live the Bride and Groom"
    19 **a sus plantas...** *carnations spring up from under his feet*

levantándose está!

Aparece la Novia. Lleva un traje negro mil nove-
cientos, con caderas° y larga cola rodeada de 'gasas — hips
plisadas° y encajes duros. Sobre 'el peinado de vise- — pleated gauze, peak of
ra° lleva la corona de azahar. Suenan las guitarras. — her hair
Las Muchachas besan a la Novia.

MUCHACHA 3ª ¿Qué esencia te echaste en el pelo?

NOVIA   (*Riendo.*) Ninguna.

MUCHACHA 2ª (*Mirando el traje.*) La tela° es de lo que no hay.[20] — cloth

MOZO 1º   ¡Aquí está el novio!

NOVIO   ¡Salud!° — to your health

MUCHACHA 1ª (*Poniéndole una flor en la oreja.*)
    El novio
    parece la flor del oro.

MUCHACHA 2ª ¡Aires de sosiego
    le manan los ojos![21]

El Novio se dirige al lado de la Novia.

NOVIA   ¿Por qué te pusiste esos zapatos?

NOVIO   Son más alegres que los negros.

MUJER DE
LEONARDO   (*Entrando y besando a la Novia.*) ¡Salud! (*Hablan*
    todas con algazara.)

LEONARDO   (*Entrando como quien 'cumple un deber.°*) — fulfills a duty

---

20 **La tela...** *the cloth is very rare*
21 **¡Aires de...** *serene air flows from his eyes*

La mañana de casada
la corona te ponemos.

MUJER   ¡Para que el campo se alegre
        con el agua de tu pelo!

MADRE   (*Al Padre.*) ¿También están ésos aquí?

PADRE   Son familia. ¡Hoy es día de perdones!°   forgiveness

MADRE   Me aguanto, pero no perdono.

NOVIO   ¡Con la corona da alegría mirarte!

NOVIA   ¡Vámonos pronto a la iglesia!

NOVIO   ¿Tienes prisa?

NOVIA   Sí. Estoy deseando ser tu mujer y quedarme sola
        contigo, y no oír más voz que la tuya.

NOVIO   ¡Eso quiero yo!

NOVIA   Y no ver más que tus ojos. Y que me abrazaras tan
        fuerte, que aunque me llamara mi madre, que está
        muerta, no me pudiera despegar de ti.[22]

NOVIO   Yo tengo fuerza en los brazos. Te voy a abrazar cua-
        renta años seguidos.

NOVIA   (*Dramática, cogiéndole del brazo.*) ¡Siempre!

PADRE   ¡Vamos pronto! ¡A coger las caballerías y los ca-
        rros! Que ya ha salido el sol.

MADRE   ¡Que llevéis cuidado! No sea que tengamos mala

---

22 **No me...** *she wouldn't be able to tear me away from you*

hora.[23]

Se abre el gran portón del fondo. Empiezan a salir.

CRIADA   (*Llorando.*) Al salir de tu casa,
              blanca doncella,
              acuérdate que sales
              como una estrella...

MUCHACHA 1ª   Limpia de cuerpo y ropa
              al salir de tu casa para la boda.

Van saliendo.

MUCHACHA 2ª   ¡Ya sales de tu casa
              para la iglesia!

CRIADA   ¡El aire pone flores
              por las arenas!°   sand

MUCHACHA 3ª   ¡Ay la blanca niña!

CRIADA   Aire oscuro el encaje
              de su mantilla.

Salen. Se oyen guitarras, palillos° y panderetas.°   castanets, tambourines
Quedan solos Leonardo y su Mujer.

MUJER   Vamos.

LEONARDO   ¿Adónde?

MUJER   A la iglesia. Pero no vas en el caballo. Vienes con-
              migo.

LEONARDO   ¿En el carro?

---

23 **¡Que llevéis...** *take care! Let's hope nothing goes wrong*

MUJER   ¿Hay otra cosa?

LEONARDO   Yo no soy hombre para ir en carro.

5 MUJER   Y yo no soy mujer para ir sin su marido a un casa-
                   miento. ¡Que no puedo más!

LEONARDO   ¡Ni yo tampoco!

10 MUJER   ¿Por qué me miras así? Tienes una espina en cada
                   ojo.

LEONARDO   ¡Vamos!

15 MUJER   No sé lo que pasa. Pero pienso y no quiero pensar.
                   Una cosa sé. Yo ya estoy despachada.[24] Pero ten-
                   go un hijo. Y otro que viene. Vamos andando. El
                   mismo sino tuvo mi madre. Pero de aquí no me
                   muevo. (*Voces fuera.*)
20

VOCES   (¡Al salir de tu casa
                   para la iglesia,
                   acuérdate que sales
                   como una estrella!)
25

MUJER   (*Llorando.*) ¡Acuérdate que sales
                   como una estrella!

                        Así salí yo de mi casa también.
30   *Que me cabía° todo el campo en la boca.*[25]   fit

LEONARDO   (*Levantándose.*) Vamos.

MUJER   ¡Pero conmigo!
35

LEONARDO   Sí. (*Pausa.*) ¡'Echa a andar!° (*Salen.*)   start walking

---

24 **Yo ya...** *you've already cast me aside*
25 **Que me...** *with the whole world stretched out before me*

VOCES   Al salir de tu casa
para la iglesia,
acuérdate que sales
como una estrella.

5

Telón lento

CUADRO II

10   *Exterior de la cueva de la novia.*
Entonación° en blancos grises y azules fríos.   tones
Grandes chumberas.° Tonos 'sombríos y plateados.°   cactus trees, shadowy
Panorama de 'mesetas color barquillo,° todo endurecido°   and silver; tan plateaus,
como paisaje° de cerámica popular.   hardened; landscape

15

CRIADA   (*Arreglando en una mesa 'copas y bandejas.°*)   glasses and trays
Giraba° giraba la rueda.°   Turning, wheel
y el agua pasaba,
porque llega la boda
20   'que se aparten las ramas°   may the branches part
y la luna se adorne°   adorn itself
por su blanca baranda.°   verandah

(*En voz alta.*) ¡Pon los manteles!

25

(*En voz patética.*) Cantaban.
Cantaban los novios
y el agua pasaba,
porque llega la boda
30   que relumbre la escarcha
y se llenen de miel
las almendras amargas.[26]

(*En voz alta.*) ¡Prepara el vino!

35

(*En voz poética.*) Galana.°   young woman

---

26 **Que relumbre...** *let the frost shine and the bitter almonds fill with*
honey

Galana de la tierra.
mira cómo el agua pasa.
Porque llega tu boda
recógete° las faldas   *gather up*
5   y bajo el ala° del novio   *wing*
nunca salgas de tu casa.
Porque el novio es un palomo°   *cock pigeon*
con todo el pecho de brasa°   *embers*
y espera el campo el rumor°   *murmur*
10   de la sangre derramada.°   *spilt*
Giraba,
giraba la rueda
y el agua pasaba.
¡Porque llega tu boda,
15   deja que relumbre el agua!

MADRE   (*Entrando.*) ¡Por fin!

PADRE   ¿Somos los primeros?

20

CRIADA   No. 'Hace rato° llegó Leonardo con su mujer.   *a while ago*
Corrieron como demonios.° La mujer llegó muer-   *devils*
ta de miedo. Hicieron el camino como si hubieran
venido a caballo.

25

PADRE   Ése busca la desgracia.° No tiene buena sangre.   *trouble*

MADRE   ¿Qué sangre va a tener? La de toda su familia.
Mana° de su bisabuelo° que empezó matando, y   *it flows, great-grandfa-*
30   sigue en toda la mala ralea° manejadores° de cu-   *ther; lineage, wielders*
chillos y gente de falsa sonrisa.

PADRE   ¡Vamos a dejarlo!

35 CRIADA   ¿Cómo lo va a dejar?

MADRE   Me duele hasta la punta de las venas. En la frente
de todos ellos yo no veo más que la mano con que

mataron a lo que era mío. ¿Tú me ves a mí? ¿No te parezco loca? Pues es loca de no haber gritado todo lo que mi pecho necesita. Tengo en mi pecho un grito siempre puesto de pie a quien tengo que castigar y meter entre los mantos.[27] Pero me llevan a los muertos y hay que callar. Luego la gente critica. (*Se quita el manto.*)

PADRE   Hoy no es día de que te acuerdes de esas cosas.

MADRE   Cuando sale la conversación, tengo que hablar. Y hoy más. Porque hoy me quedo sola en mi casa.

PADRE   En espera de estar acompañada.

MADRE   Esa es mi ilusión:° los nietos. (*Se sientan.*)   hope

PADRE   Yo quiero que tengan muchos. Esta tierra necesita brazos que no sean pagados.° Hay que sostener   hired
una batalla con las 'malas hierbas° con los cardos,   weeds
con los pedruscos° que salen no se sabe dónde.   rough stones
Y estos brazos tienen que ser de los dueños° que   owners
castiguen y que dominen, que 'hagan brotar las simientes.° Se necesitan muchos hijos.   make the seeds grow

MADRE   ¡Y alguna hija! ¡Los varones° son del viento!   men
Tienen por fuerza que manejar° armas. Las niñas   handle
no salen jamás a la calle.

PADRE   (*Alegre.*) Yo creo que tendrán de todo.

MADRE   Mi hijo la cubrirá bien. Es de buena simiente. Su padre pudo haber tenido conmigo muchos hijos.[28]

---

27 **Tengo en...** *I always have a cry standing in my breast that I have to subdue and keep within my shawl*

28 **Es de...** *he's from good stock. His father could have had many children with me*

PADRE	Lo que yo quisiera es que esto fuera cosa de un día. Que 'en seguida° tuvieran dos o tres hombres.

immediately

MADRE	Pero no es así. 'Se tarda mucho.° Por eso es tan terrible ver la sangre de una derramada por el suelo. Una fuente que corre un minuto y a nosotros nos ha costado años.[29] Cuando yo llegué a ver a mi hijo, estaba tumbado° en mitad de la calle. Me mojé las manos de sangre y me las lamí con la lengua.[30] Porque era mía. Tú no sabes lo que es eso. En una custodia de cristal y topacios pondría yo la tierra empapada° por ella.[31]

it takes a long time

lying down

soaked

PADRE	Ahora tienes que esperar. Mi hija es ancha° y tu hijo es fuerte.

broad-hipped

MADRE	Así espero. (*Se levantan.*)
PADRE	Prepara las bandejas de trigo.
CRIADA	Están preparadas.
MUJER DE LEONARDO	(*Entrando.*) ¡Que sea para bien!
MADRE	Gracias.
LEONARDO	¿Va a haber fiesta?
PADRE	Poca. La gente no puede entretenerse.°

stay very long

CRIADA	¡Ya están aquí!

---

29 **Una fuente...** *a fountain that flows for one minute and takes years away from us*

30 **Me mojé...** *my hands got wet with blood and I licked them with my tongue*

31 A monstrance (**una custodia**) is a transparent receptacle used by the Holy Roman Catholic Church to hold the consecrated Host before veneration.

Van entrando Invitados en alegres grupos.
Entran los Novios 'cogidos del brazo.° Sale Leonardo.   arm in arm

5 N<small>OVIO</small>   En ninguna boda se vio tanta gente.

N<small>OVIA</small>   (*Sombría°*) En ninguna.   sullen

P<small>ADRE</small>   Fue lucida.°   magnificent

10 M<small>ADRE</small>   'Ramas enteras° de familias han venido.   entire branches

N<small>OVIO</small>   Gente que no salía de su casa.

15 M<small>ADRE</small>   Tu padre 'sembró mucho° y ahora lo recoges° tú.   sowed a lot, harvest

N<small>OVIO</small>   Hubo primos míos que yo ya no conocía.

M<small>ADRE</small>   Toda la gente de la costa.

20 N<small>OVIO</small>   (*Alegre.*) Se espantaban° de los caballos. (*Hablan.*)   they were frightened

M<small>ADRE</small>   (*A la Novia.*) ¿Qué piensas?

25 N<small>OVIA</small>   No pienso en nada.

M<small>ADRE</small>   Las bendiciones pesan mucho.[32] (*Se oyen guita-rras.*)

30 N<small>OVIA</small>   'Como plomo.°   like lead

M<small>ADRE</small>   (*Fuerte.*) Pero no han de pesar. Ligera como palo-ma debes ser.[33]

N<small>OVIA</small>   ¿Se queda usted aquí esta noche?

---

32 **Las bendiciones...** *such blessings can weigh heavily*
33 **Pero no...** *but they shouldn't weigh you down. You should be as light as a feather*

MADRE   No. Mi casa está sola.

NOVIA   ¡Debía usted quedarse!

PADRE   (*A la Madre.*) Mira el baile que tienen formado. Bailes de allá de la orilla del mar.

                    Sale Leonardo y se sienta.
          Su Mujer, detrás de él en actitud rígida.

MADRE   Son los primos de mi marido. Duros como piedras para la danza.

PADRE   Me alegra el verlos. ¡Qué cambio para esta casa! (*Se va.*)

NOVIO   (*A la Novia.*) ¿Te gustó el azahar?

NOVIA   (*Mirándole fija.*°) Sí.   fixedly

NOVIO   Es todo de cera.° Dura siempre. Me hubiera gusta-   wax
do que llevaras en todo el vestido.

NOVIA   No hace falta. (*Mutis*° *Leonardo por la derecha.*)   exit

MUCHACHA 1ª Vamos a quitarte los alfileres.°   pins

NOVIA   (*Al Novio.*) Ahora vuelvo.

MUJER   ¡Que seas feliz con mi prima!

NOVIO   Tengo seguridad.

MUJER   Aquí los dos; sin salir nunca y a levantar la casa. ¡Ojalá yo viviera también así de lejos!

NOVIO   ¿Por qué no compráis tierras? El monte es barato y los hijos 'se crían mejor.°   grow up better

MUJER   No tenemos dinero. ¡Y con el camino que
llevamos!³⁴

NOVIO   Tu marido es un buen trabajador.

MUJER   Sí, pero le gusta volar° demasiado. Ir de una cosa a   flutter around
otra. No es hombre tranquilo.

CRIADA   ¿No tomáis nada? Te voy a envolver° unos 'roscos   wrap up
de vino° para tu madre, que a ella le gustan mu-   wine cakes
cho.³⁵

NOVIO   Ponle tres docenas.°   dozens

MUJER   No, no. Con media tiene bastante.

NOVIO   Un día es un día.

MUJER   (A la Criada.) ¿Y Leonardo?

CRIADA   No lo vi.

NOVIO   Debe estar con la gente.

MUJER   ¡Voy a ver! (Se va.)

CRIADA   Aquello está hermoso.

NOVIO   ¿Y tú no bailas?

CRIADA   No hay quien me saque.³⁶

---

34 **¡Y con...** *and with the way things are going*

35 A wine-cake is a circular pastry that contains a little bit of wine to
give it flavor.

36 **No hay...** *nobody has asked me*

Pasan 'al fondo° dos Muchachas, durante todo este acto,   in the background
el fondo será un animado cruce° de figuras.   crossing

NOVIO   (*Alegre.*) Eso se llama no entender. Las viejas fres-
5   cas como tú bailan mejor que las jóvenes.

CRIADA   Pero ¿vas a echarme requiebros, niño?[37] ¡Qué fa-
       milia la tuya! ¡Machos entre los machos! Siendo
       niña vi la boda de tu abuelo. ¡Qué figura! Parecía
10   como si se casara un monte.

NOVIO   Yo tengo menos estatura.°   height

CRIADA   Pero el mismo brillo° en los ojos. ¿Y la niña?   gleam

15 NOVIO   Quitándose la toca.°   wreath

CRIADA   ¡Ah! Mira. Para la medianoche, como no dormi-
       réis, os he preparado jamón y unas copas grandes
20   de vino antiguo. En la parte baja de la alacena.° Por   cupboard
       si lo necesitáis.

NOVIO   (*Sonriente.*) No como a media noche.

25 CRIADA   (*Con malicia.*) Si tú no, la novia. (*Se va.*)

MOZO 1°   (*Entrando.*) ¡Tienes que beber con nosotros!

NOVIO   Estoy esperando a la novia.

30 MOZO 2°   ¡Ya la tendrás en la madrugada!°   early morning

MOZO 1°   ¡Que es cuando más gusta!

35 MOZO 2°   Un momento.

NOVIO   Vamos.

---

37 **Vas a...** *are you going to give me amorous compliments, boy*

     Salen. Se oye gran algazara.° Sale la Novia.   rejoicing
Por el lado opuesto salen dos Muchachas corriendo a encontrarla.

5 MUCHACHA 1ª ¿A quién diste el primer alfiler, a mí o a ésta?

NOVIA   No me acuerdo.

MUCHACHA 1ª A mí me lo diste aquí.

10

MUCHACHA 2ª A mí delante del altar.

NOVIA   (*Inquieta y con una gran lucha° interior.*) No sé   struggle
              nada.

15

MUCHACHA 1ª Es que yo quisiera que tú...

NOVIA   (*Interrumpiendo.*) Ni me importa. Tengo mucho
              que pensar.

20

MUCHACHA 2ª Perdona. (*Leonardo cruza el fondo.*)

NOVIA   (*Ve a Leonardo.*) Y estos momentos son agitados.°   hectic

25 MUCHACHA 1ª ¡Nosotras no sabemos nada!

NOVIA   Ya lo sabréis cuando os llegue la hora. Estos pasos
              son pasos que cuestan mucho.[38]

30 MUCHACHA 1ª ¿'Te ha disgustado.°   are you upset?

NOVIA   No. Perdonad vosotras.

MUCHACHA 2ª ¿De qué? Pero los dos alfileres sirven para ca-
35   sarse, ¿verdad?

---

38 **Ya lo...** *you'll know it when your time comes. These steps are very hard
to take*

NOVIA   Los dos.

MUCHACHA 1ª Ahora, que una se casa antes que otra.

NOVIA   ¿Tantas ganas tenéis?

MUCHACHA 2° (*Vergonzosa.*°) Sí.   bashfully

NOVIA   ¿Para qué?

MUCHACHA 1ª Pues... (*Abrazando a la segunda.*)

   Echan a correr las dos.[39] *Llega el Novio y, muy despacio,*
    abraza a la Novia por detrás.

NOVIA   ('*Con gran sobresalto.*°) ¡Quita!   very startled

NOVIO   ¿'Te asustas° de mí?   are you scared

NOVIA   ¡Ay! ¿Eras tú?

NOVIO   ¿Quién iba a ser? (*Pausa.*) Tu padre o yo.

NOVIA   ¡Es verdad!

NOVIO   Ahora que tu padre te hubiera abrazado más blan-
       do.°   gently

NOVIA   (*Sombría.*) ¡Claro!

NOVIO   Porque es viejo. (*La abraza fuertemente de un*
       modo un poco brusco.)

NOVIA   (*Seca.*°) ¡Déjame!°   curtly, let me go

NOVIO   ¿Por qué? (*La deja.*)

---

39 **Echan a...** *they both go running off*

NOVIA	Pues... la gente. Pueden vernos. (*Vuelve a cruzar el fondo la Criada, que no mira a los Novios.*)
NOVIO	¿Y qué? Ya es sagrado.°

consecrated

5

NOVIA	Sí, pero déjame... Luego.
NOVIO	¿Qué tienes? ¡Estás como asustada!

10

NOVIA	No tengo nada. No te vayas. (*Sale la Mujer de Leonardo.*)
MUJER	No quiero interrumpir...

15

NOVIO	Dime.
MUJER	¿Pasó por aquí mi marido?
NOVIO	No.

20

MUJER	Es que no le encuentro y el caballo no está tampoco en el establo.°

stable

NOVIO	(*Alegre.*) Debe estar 'dándole una carrera.° (*Se va la Mujer, inquieta.° Sale la Criada.*)

out for a run

25

worried

CRIADA	¿No andáis satisfechos de tanto saludo.°

good will

NOVIO	Yo estoy deseando que esto acabe. La novia está un poco cansada.

30

CRIADA	¿Qué es eso, niña?
NOVIA	¡Tengo como un golpe en las sienes!⁴⁰

35

CRIADA	Una novia de estos montes debe ser fuerte. (*Al Novio.*) Tú eres el único que la puedes curar, porque tuya es. (*Sale corriendo.*)

---

40 **¡Tengo como...** *I have a throbbing in my temples*

NOVIO	(*Abrazándola.*) Vamos un rato al baile. (*La besa.*)
NOVIA	(*Angustiada.°*) No. Quisiera echarme° en la cama un poco.

distressed, lie down

NOVIO	'Yo te haré compañía.°

I'll keep you company

NOVIA	¡Nunca! ¿Con toda la gente aquí? ¿Qué dirían? Déjame sosegar° un momento.

calm down

NOVIO	¡Lo que quieras! ¡Pero no estés así por la noche!
NOVIA	(*En la puerta.*) A la noche estaré mejor.
NOVIO	¡Que es lo que yo quiero!

Aparece la Madre.

MADRE	Hijo.
NOVIO	¿Dónde anda usted?
MADRE	En todo ese ruido.° ¿Estás contento?

noise

NOVIO	Sí.
MADRE	¿Y tu mujer?
NOVIO	Descansa un poco. ¡Mal día para las novias!⁴¹
MADRE	¿Mal día? El único bueno. Para mí fue como una herencia.° (*Entra la Criada y se dirige al cuarto de la Novia.*) Es la 'roturación de las tierras,° la plantación de árboles nuevos.

inheritance

plowing of the ground

NOVIO	¿Usted se va a ir?

---

41 **¡Mal día...** *it's a tough day for a bride*

MADRE   Sí. Yo tengo que estar en mi casa.

NOVIO   Sola.

MADRE   Sola, no. Que tengo la cabeza llena de cosas y de
          hombres y de luchas.°   fights

NOVIO   Pero luchas que ya no son luchas.

Sale la Criada rápidamente; desaparece corriendo por el fondo.

MADRE   Mientras una vive, lucha.

NOVIO   ¡'Siempre la obedezco!°   I'll always obey you

MADRE   Con tu mujer procura estar cariñoso, y si la notas
          infatuada o arisca, hazle una caricia que le produz-
          ca un poco de daño, un abrazo fuerte, un mordisco
          y luego un beso suave. Que ella no pueda disgus-
          tarse, pero que sienta que tú eres el macho, el amo,
          el que manda. Así aprendí de tu padre. Y como no
          lo tienes, tengo que ser yo la que te enseñe estas
          fortalezas.[42]

NOVIO   Yo siempre haré lo que usted mande.

PADRE   (*Entrando.*) ¿Y mi hija?

NOVIO   Está dentro.

MUCHACHA 1ª ¡Vengan los novios, que vamos a bailar la rueda.°   round

---

42 **Con tu…** *try to be affectionate with your wife, and if you notice that she
is conceited or standoffish, give her a caress in a way that hurts a little bit, a strong
hug, a bite and a soft kiss afterwards. Not so much as to upset her, but just so that
she feels that you are the man, the master, the boss. I learned that from your father.
And since you don't have him, I have to be the one who teaches you these fortitudes*

| MOZO 1º | (*Al Novio.*) Tú la vas a dirigir.° | lead |

PADRE   (*Saliendo.*) ¡Aquí no está!

NOVIO   ¿No?

PADRE   Debe haber subido a la baranda.

NOVIO   ¡Voy a ver! (*Entra.*)

       Se oye algazara y guitarras.

MUCHACHA 1ª   ¡Ya ha empezado! (*Sale.*)

NOVIO   (*Saliendo.*) No está.

MADRE   (*Inquieta.*) ¿No?

PADRE   ¿Y adónde pudo haber ido?

CRIADA   (*Entrando.*) Y la niña, ¿dónde está?

MADRE   (*Seria.*) No lo sabemos.

       Sale el Novio. Entran tres Invitados.

PADRE   (*Dramático.*) Pero ¿no está en el baile?

CRIADA   En el baile no está.

PADRE   ('*Con arranque.*°) Hay mucha gente. ¡Mirad!   with a start

CRIADA   ¡Ya he mirado!

PADRE   (*Trágico.*) ¿Pues dónde está?

NOVIO   (*Entrando.*) Nada. En ningún sitio.

MADRE	(*Al Padre.*) ¿Qué es esto? ¿Dónde está tu hija?

Entra la Mujer de Leonardo.

5 MUJER   ¡Han huido! ¡Han huido! Ella y Leonardo. En el caballo. Iban abrazados, como una exhalación.[43]

PADRE   ¡No es verdad! ¡Mi hija, no!

10 MADRE   ¡Tu hija, sí! Planta de mala madre y él, también él. ¡Pero ya es la mujer de mi hijo!

NOVIO   (*Entrando.*) ¡Vamos detrás! ¿Quién tiene un caballo?

15

MADRE   ¿Quién tiene un caballo ahora mismo, quién tiene un caballo?, Que le daré todo lo que tengo, mis ojos y hasta mi lengua...

20 VOZ   Aquí hay uno.

MADRE   (*Al Hijo.*) ¡Anda! ¡Detrás! (*Salen con dos Mozos.*) No. No vayas. Esa gente mata pronto y bien...; ¡pero sí, corre, y yo detrás!

25

PADRE   No será ella. Quizá se haya tirado al aljibe.[44]

MADRE   Al agua se tiran las honradas° las limpias; ¡esa, no!   respectable women

Pero ya es mujer de mi hijo. Dos bandos.° Aquí   factions

30   hay dos bandos. (*Entran todos.*) Mi familia y la tuya. Salid todos de aquí. Limpiarse el polvo de los zapatos.[45] Vamos a ayudar a mi hijo. (*La gente se separa en dos grupos.*) Porque tiene gente; que son sus primos del mar y todos los que llegan de

---

43 **¡Han huido...** *they have fled! They have fled! She and Leonardo. On the horse. They rushed on by with their arms around each other*

44 **No será...** *it can't be her. Perhaps she has thrown herself into the well*

45 **Limpiarse el...** *shake the dust from your shoes*

tierra adentro. ¡Fuera de aquí! Por todos los caminos. Ha llegado otra vez la hora de la sangre. Dos bandos. Tú con el tuyo y yo con el mío. ¡Atrás! ¡Atrás!

Telón

Tercer Acto

CUADRO PRIMERO

Bosque.° Es de noche. Grandes troncos húmedos.°   forest, damp
Ambiente oscuro. Se oyen dos violines. Salen tres Leñadores.°   woodcutters

LEÑADOR 1°   ¿Y los han encontrado?

LEÑADOR 2°   No. Pero los buscan por todas partes.

LEÑADOR 3°   Ya darán con ellos.[1]

LEÑADOR 2°   ¡Chissss!

LEÑADOR 3°   ¿Qué?

LEÑADOR 2°   Parece que se acercan por todos los caminos a la vez.[2]

LEÑADOR 1°   Cuando salga la luna los verán.

LEÑADOR 2°   Debían dejarlos.[3]

LEÑADOR 1°   El mundo es grande. Todos pueden vivir en él.

LEÑADOR 3°   Pero los matarán.

---

1   **Ya darán...** *they will come across them soon*
2   **Parece que...** *they seem to be closing in from all directions*
3   **Debían dejarlos...** *they should let them go*

LEÑADOR 2° Hay que seguir la inclinación; han hecho bien en huir.[4]

LEÑADOR 1° Se estaban engañando uno a otro y al fin la sangre pudo más.[5]

LEÑADOR 3° ¡La sangre!

LEÑADOR 1° Hay que seguir el camino de la sangre.

LEÑADOR 2° Pero sangre que ve la luz se la bebe la tierra.[6]

LEÑADOR 1° ¿Y qué? Vale más ser muerto desangrado que vivo con ella podrida.[7]

LEÑADOR 3° Callar.

LEÑADOR 1° ¿Qué? ¿Oyes algo?

LEÑADOR 3° Oigo los grillos, las ranas, el acecho de la noche.[8]

LEÑADOR 1° Pero el caballo no se siente.

LEÑADOR 3° No.

LEÑADOR 1° Ahora la estará queriendo.[9]

LEÑADOR 2° El cuerpo de ella era para él y el cuerpo de él para ella.

---

4 **Hay que...** *one must follow one's inclinations. They did the right thing by running away*

5 **Se estaban...** *they were deceiving each other and blood prevailed in the end*

6 **Pero sangre...** *but the earth drinks up any blood that comes to light*

7 **¿Y qué...** *so what? It is better to be dead and bloodless than to live with rotten blood*

8 **Oigo los...** *I hear the crickets, the frogs, the night lying in wait*

9 **Ahora la...** *he must be making love to her now*

LEÑADOR 3° Los buscan y los matarán.

LEÑADOR 1° Pero ya habrán mezclado sus sangres y serán como dos 'cántaros vacíos° como dos arroyos secos.

empty pitchers

LEÑADOR 2° Hay muchas nubes y será fácil que la luna no salga.

LEÑADOR 3° El novio los encontrará con luna o sin luna. Yo lo vi salir. Como una estrella furiosa. 'La cara color ceniza.° Expresaba el sino de su casta.°

ashen faced, family

LEÑADOR 1° Su casta de muertos en mitad de la calle.

LEÑADOR 2° ¡Eso es!

LEÑADOR 3° ¿Crees que ellos lograrán romper el cerco?[10]

LEÑADOR 2° Es difícil. Hay cuchillos y escopetas a diez leguas 'a la redonda.°

around

LEÑADOR 3° Él lleva buen caballo.

LEÑADOR 2° Pero lleva una mujer.

LEÑADOR 1° Ya estamos cerca.

LEÑADOR 2° Un árbol de cuarenta ramas. Lo cortaremos pronto.

LEÑADOR 3° Ahora sale la luna. Vamos a darnos prisa.

Por la izquierda 'surge una claridad.°

a light emerges

LEÑADOR 1° ¡Ay luna que sales!
Luna de las hojas grandes.

LEÑADOR 2° ¡Llena de jazmines de sangre!

---

10 **¿Crees que...** *do you think that they will be able to break the circle*

LEÑADOR 1° ¡Ay luna sola!
     ¡Luna de las verdes hojas!

LEÑADOR 2° Plata en la cara de la novia.

5

LEÑADOR 3° ¡Ay luna mala!
     Deja para el amor la oscura rama.

LEÑADOR 1° ¡Ay triste luna!
10   ¡Deja para el amor la rama oscura!

   Salen. Por la claridad de la izquierda aparece la Luna.
    La Luna es un leñador joven, con la cara blanca.
     La escena adquiere un 'vivo resplandor azul.°   vivid blue glow

15

LUNA   Cisne° redondo en el río,   swan
       ojo de las catedrales,
       alba fingida° en las hojas   false
       soy; ¡no podrán escaparse!
20   ¿Quién se oculta?° ¿Quién solloza°   is hiding, sob
       por la maleza° del valle?   brush
       La luna deja un cuchillo
       abandonado en el aire,
       que siendo 'acecho de plomo°   leaden threat
25   quiere ser dolor de sangre.
       ¡Dejadme entrar! ¡Vengo helada°   frozen
       por paredes y cristales!°   windows
       ¡Abrid tejados° y pechos   roofs
       donde pueda calentarme!
30   ¡Tengo frío! Mis cenizas
       de soñolientos° metales   somnolent
       buscan la cresta del fuego
       por los montes y las calles.
       Pero me lleva la nieve
35   sobre su espalda de jaspe,
       y 'me anega° dura y fría,   floods me
       el agua de los estanques.[11]

---

11 **Pero me...** *but the snow carries me over its jasper back, and the water*

Pues esta noche tendrán
mis mejillas roja sangre,
y los juncos agrupados°   clustered
en los anchos pies del aire.
5   ¡No haya sombra ni emboscada°   ambush
que no puedan escaparse!
¡Que quiero entrar en un pecho
para poder calentarme!
¡Un corazón para mí!
10 ¡Caliente!, que se derrame
por los montes de mi pecho;
dejadme entrar, ¡ay, dejadme!

A las ramas.

15
No quiero sombras. Mis rayos
'han de entrar° en todas partes,   must reach
y haya en los troncos oscuros
un rumor de claridades,
20 para que esta noche tengan
mis mejillas dulce sangre,
y los juncos agrupados
en los anchos pies del aire.
¿Quién se oculta? ¡Afuera digo!
25 ¡No! ¡No podrán escaparse!
Yo haré lucir al caballo
una fiebre° de diamante.   fever

Desaparece entre los troncos y vuelve la escena a su luz oscura.
30 *Sale una Anciana° totalmente cubierta por 'tenues*   old woman
paños verdeoscuro.° Lleva los pies descalzos.°   pale dark green rags,
Apenas si se le verá el rostro entre los pliegues.[12]   barefooted
Este personaje no figura en el reparto.°   cast list

MENDIGA   Esa luna se va, y ellos se acercan.
De aquí no pasan. El rumor del río

---

of the ponds floods me, hard and cold
   1 2 **Apenas si…** *her face can scarcely be seen within the folds of her cloak*

apagará con el rumor de troncos
el desgarrado vuelo de los gritos.
Aquí ha de ser, y pronto. Estoy cansada.
Abren los cofres, y los blancos hilos
aguardan por el suelo de la alcoba
cuerpos pesados con el cuello herido.[13]
No se despierte un pájaro y la brisa,
recogiendo en su falda los gemidos°   moans
huya con ellos por las 'negras copas°   black treetops
o los entierre por el blanco limo.°   mud

Impaciente.

¡Esa luna, esa luna!

Aparece la Luna. Vuelve la luz intensa.

LUNA	Ya se acercan. Unos por la cañada.° ravine
	y otros por el río.
	Voy a alumbrar° las piedras. ¿Qué necesitas? illuminate
MENDIGA	Nada.
LUNA	El aire va llegando duro, con doble filo.[14]
MENDIGA	Ilumina el chaleco° y aparta los botones, que des- vest
	pués las navajas ya saben el camino.
LUNA	Pero 'que tarden mucho en morir.° let them die slowly
	Que la sangre
	me ponga entre los dedos su delicado silbo.° whisper
	¡Mira que ya mis valles de ceniza despiertan
	en ansia de esta fuente de chorro estremecido![15]

---

13 **El rumor...** *the murmur of the river with the whispering tree trunks will fade the shrill flight of their cries. It must be here, and soon. I am tired. Coffins with white threads open on bedchamber floors and wait for heavy bodies with wounded throats*

14 **El aire...** *the air is getting harder, with a double edge*

15 **Mis valles...** *my ashen valleys awaken and yearn for this spring of quivering blood*

MENDIGA	No dejemos que pasen el arroyo. ¡Silencio!

LUNA   ¡Allí vienen! (*Se va. Queda la escena a oscuras.*)

5   MENDIGA   ¡De prisa! Mucha luz. ¿Me has oído? ¡No pueden escaparse!

*Entran el Novio y Mozo 1º.º La Mendiga se sienta y
se tapa con el manto.*[16]

10   NOVIO   Por aquí.

MOZO 1º   No los encontrarás.

15   NOVIO   (*Enérgico.*) ¡Sí los encontraré!

MOZO 1º   Creo que se han ido por otra vereda.º   path

NOVIO   No. Yo sentí hace un momento el galope.

20   MOZO 1º   Sería otro caballo.

NOVIO   (*Dramático.*) Oye. No hay más que un caballo en el mundo, y es éste. ¿Te has enterado? Si me sigues, sígueme sin hablar.

MOZO 1º   Es que quisiera...

NOVIO   Calla. Estoy seguro de encontrármelos aquí. ¿Ves este brazo? Pues no es mi brazo. Es el brazo de mi hermano y el de mi padre y el de toda mi familia que está muerta. Y tiene tanto poderíoº que pue-   power
de arrancar este árbol 'de raízº si quiere. Y vamos   from its roots
pronto, que siento los dientes de todos los míos
clavadosº aquí de una manera que se me hace im-   stuck
posible 'respirar tranquilo.º   to breathe easily

---

16 **Se sienta...** *sits down and wraps herself up in the cloak*

MENDIGA	(*Quejándose.°*) ¡Ay!	moaning
MOZO 1°	¿Has oído?	
5 NOVIO	Vete por ahí y 'da la vuelta.°	turn around
MOZO 1°	Esto es una caza.°	hunt
NOVIO	Una caza. La más grande que se puede hacer.	

10

Se va el Mozo. El Novio se dirige rápidamente hacia la izquierda
y 'tropieza con° la Mendiga, la muerte.   stumbles over

MENDIGA	¡Ay!
15 NOVIO	¿Qué quieres?
MENDIGA	Tengo frío.
20 NOVIO	¿Adónde te diriges?
MENDIGA	(*Siempre quejándose como una mendiga.*) Allá lejos...
25 NOVIO	¿De dónde vienes?
MENDIGA	De allí..., de muy lejos.
NOVIO	¿Viste un hombre y una mujer que corrían montados en un caballo?
30	
MENDIGA	(*Despertándose.*) Espera... (*Lo mira.*) Hermoso galán. (*Se levanta.*) Pero mucho más hermoso si estuviera dormido.
35	
NOVIO	Dime, contesta, ¿los viste?
MENDIGA	Espera... ¡Qué espaldas más anchas! ¿Cómo no te

	gusta 'estar tendido° sobre ellas y no andar sobre	to lie flat
	las 'plantas de los pies° que son tan chicas?	soles of your feet
Novio	(*Zamarreándola.*°) ¡Te digo si los viste! ¿Han pasado por aquí?	shaking her
Mendiga	(*Enérgica.*) No han pasado; pero están saliendo de la colina.° ¿No los oyes?	hill
Novio	No.	
Mendiga	¿Tú no conoces el camino?	
Novio	¡Iré 'sea como sea!°	come what may
Mendiga	Te acompañaré. Conozco esta tierra.	
Novio	(*Impaciente.*) ¡Pero vamos! ¿Por dónde?	
Mendiga	(*Dramática.*) ¡Por allí!	

Salen rápidos. Se oyen lejanos° dos violines   distant
que expresan el bosque. Vuelven los Leñadores.
Llevan las hachas al hombro. Pasan lentos entre los troncos.

Leñador 1°	¡Ay muerte que sales! Muerte de las hojas grandes.
Leñador 2°	¡No abras el chorro de la sangre!
Leñador 1°	¡Ay muerte sola! Muerte de las secas hojas.
Leñador 3°	¡No cubras de flores la boda!¹⁷
Leñador 2°	¡Ay triste muerte! Deja para el amor la rama verde.

---

17   **¡No cubras...** *don't cover the wedding with your flowers*

LEÑADOR 1º ¡Ay muerte mala!
       ¡Deja para el amor la verde rama!

       Van saliendo mientras hablan.
       Aparecen Leonardo y la Novia.

LEONARDO ¡Calla!

NOVIA Desde aquí yo me iré sola.
      ¡Vete! ¡Quiero que te vuelvas!

LEONARDO ¡Calla, digo!

NOVIA Con los dientes, con las manos, como puedas,
      quita de mi cuello honrado
      el metal de esta cadena,
      dejándome arrinconada°   cornered
      allá en mi casa de tierra.
      Y si no quieres matarme
      como a víbora° pequeña,   viper
      pon en mis manos de novia
      el cañón° de la escopeta.   barrel
      ¡Ay, qué lamento,° qué fuego   grief
      me sube por la cabeza!
      ¡Qué vidrios se me clavan en la lengua!¹⁸

LEONARDO Ya dimos el paso; ¡calla!
       porque nos persiguen cerca
       y te he de llevar conmigo.¹⁹

NOVIA ¡Pero ha de ser a la fuerza!

LEONARDO ¿A la fuerza? ¿Quién bajó
       primero las escaleras?

---

18 **¡Qué vidrios...** *what shards of glass cut into my tongue*
19 **Ya dimos...** *we already took the first step; hush, because they are closely pursuing us and I must take you with me*

NOVIA   Yo las bajé.

LEONARDO   ¿Quién le puso
           al caballo bridas° nuevas?   bridles

5

NOVIA   Yo misma. Verdad.

LEONARDO   ¿Y qué manos
           'me calzaron las espuelas?°   put on my spurs

10

NOVIA   Estas manos que son tuyas,
         pero que al verte quisieran
         quebrar° las ramas azules   to break
         y el murmullo° de tus venas.   murmur
15   ¡Te quiero! ¡Te quiero! ¡Aparta!°   go away
         Que si matarte pudiera,
         te pondría una mortaja
         con los filos de violetas.²⁰
         ¡Ay, qué lamento, qué fuego
20   me sube por la cabeza!

LEONARDO   ¡Qué vidrios se me clavan en la lengua!
           Porque yo quise olvidar.
           y puse 'un muro de piedra°   a stone wall
25   entre tu casa y la mía.
           Es verdad. ¿No lo recuerdas?
           Y cuando te vi de lejos
           me eché en los ojos arena.
           Pero montaba a caballo
30   y el caballo iba a tu puerta.
           Con alfileres de plata
           mi sangre se puso negra,
           y el sueño me fue llenando
           las carnes de mala hierba.²¹

35

---

20   **Que si...** *if I could kill you, I would put you in a shroud with violet fringes*

21   **Con alfileres...** *your silver wedding pins turned my blood black, and my dream slowly filled my flesh with weeds*

Que yo no tengo la culpa,
que la culpa es de la tierra
y de ese olor que te sale
de los pechos y las trenzas.°   *braids*

5

NOVIA   ¡Ay que sinrazón!° No quiero   *injustice*
contigo cama ni cena,
y no hay minuto del día
que estar contigo no quiera,²²

10   porque me arrastras y voy,
y me dices que me vuelva
y te sigo por el aire
como una 'brizna de hierba.°   *blade of grass*
He dejado a un hombre duro

15   y a toda su descendencia
en la mitad de la boda
y con la corona puesta.
Para ti será el castigo
y no quiero que lo sea.

20   ¡Déjame sola! ¡Huye tú!
No hay nadie que te defienda.

LEONARDO   Pájaros de la mañana
por los árboles se quiebran.°   *are stirring*

25   La noche se está muriendo
en el filo de la piedra.
Vamos al rincón oscuro,
donde yo siempre te quiera,
que no me importa la gente,

30   ni el veneno° que nos echa.   *venom*

La abraza fuertemente.

NOVIA   Y yo dormiré a tus pies

35   para guardar° lo que sueñas.   *to watch over*
Desnuda, mirando al campo,

---

22 **No quiero...** *I want neither bed nor board from you, yet there is not a minute of the day that I don't long to be with you*

Dramática.

como si fuera una perra,
¡porque eso soy! Que te miro
5   y tu hermosura me quema.

LEONARDO   'Se abrasa lumbre con lumbre.°   fire burns with fire
La misma llama° pequeña   flame
mata dos espigas° juntas.   heads of wheat
10   ¡Vamos!

La arrastra.

NOVIA   ¿Adónde me llevas?

15

LEONARDO   A donde no puedan ir
estos hombres que 'nos cercan.°   surround us
¡Donde yo pueda mirarte!

20   NOVIA   (*Sarcástica.*) Llévame de feria en feria,
dolor de mujer honrada,
a que las gentes me vean
con las sábanas de boda
al aire, como banderas.[23]

25

LEONARDO   También yo quiero dejarte
si pienso como se piensa.[24]
Pero voy donde tú vas.
Tú también. 'Da un paso. Prueba.°   Take a step. Try it
30   Clavos° de luna nos funden°   shards, melt together
mi cintura° y tus caderas.   waist

Toda esta escena es violenta, llena de gran sensualidad.

---

23 **Llévame de...** *take me from fair to fair, shame of honorable women, so that the people may see me with my wedding sheets blowing like banners in the wind*

24 **También yo...** *I would also leave you if I thought as they do*

NOVIA   ¿Oyes?

LEONARDO   Viene gente.

5 NOVIA   ¡Huye!
Es justo que yo aquí muera
con los pies dentro del agua,
espinas en la cabeza.
Y que me lloren las hojas,
10   mujer perdida y doncella.

LEONARDO   Cállate. Ya suben.

NOVIA   ¡Vete!
15

LEONARDO   Silencio. Que no nos sientan.²⁵
Tú delante. ¡Vamos, digo!
Vacila° la Novia.   hesitates

20 NOVIA   ¡Los dos juntos!

LEONARDO   (*Abrazándola.*) ¡Como quieras!
Si nos separan, será
porque esté muerto.
25

NOVIA   Y yo muerta.

Salen abrazados.

30 *Aparece la Luna muy despacio. La escena adquiere una fuerte luz*
azul. Se oyen los dos violines. Bruscamente se oyen dos largos gritos
desgarrados° y se corta la música de los violines. Al segundo grito   shrill
aparece la Mendiga y queda de espaldas. Abre el manto y queda en
el centro como un gran pájaro de alas inmensas. La Luna se detie-
35   *ne. El telón baja en medio de un silencio absoluto.*

Telón

_____
25 **Silencio. Que...** *silence, so that they won't notice us*

CUADRO ÚLTIMO

Habitación blanca con arcos° y 'gruesos muros.°   arches, thick walls
A la derecha y a la izquierda, escaleras blancas.
Gran arco al fondo y pared del mismo color.
El suelo° será también de un blanco reluciente.   floor
Esta habitación simple tendrá un sentido monumental
de iglesia. No habrá ni un gris, ni una sombra,
ni siquiera lo preciso para la perspectiva.²⁶
Dos muchachas vestidas de azul oscuro están devanando
una madeja° roja.²⁷   skein of wool

MUCHACHA 1ª   Madeja, madeja,
       ¿qué quieres hacer?

MUCHACHA 2ª   Jazmín de vestido,
       cristal de papel.
       Nacer a las cuatro,
       morir a las diez.
       Ser hilo de lana,
       cadena a tus pies
       y nudo° que apriete°   knot, tightens
       amargo laurel.

NIÑA   (*Cantando.*) ¿Fuiste a la boda?

MUCHACHA 1ª   No.

NIÑA   ¡Tampoco fui yo!
       ¿Qué pasaría
       por los tallos de las viñas?
       ¿Qué pasaría
       por el ramo de la oliva?²⁸

---

26   **Esta habitación...** *this simple room has the monumental feel of a church. There are no grays, shadows, or anything to create a sense of perspective*

27   **Dos muchachas...** *two girls dressed in dark blue are winding a red skein*

28   **¿Qué pasaría...** *what happened among the shoots of the vines? What happened midst the olive branches*

¿Qué pasó
que nadie volvió?
¿Fuiste a la boda?

MUCHACHA 2ª Hemos dicho que no.

NIÑA   (*Yéndose.*) ¡Tampoco fui yo!

MUCHACHA 2ª Madeja, madeja
             ¿qué quieres cantar?

MUCHACHA 1ª Heridas de cera,
             dolor de arrayán.°   myrtle
             Dormir la mañana,
             de noche velar.²⁹

NIÑA   (*En la puerta.*) El hilo tropieza
             con el pedernal.
             Los montes azules
             lo dejan pasar.
             Corre, corre, corre.
             Y al fin llegará
             a poner cuchillo
             y a quitar el pan.³⁰

                        Se va.

MUCHACHA 2ª Madeja, madeja,
             ¿qué quieres decir?

MUCHACHA 1ª Amante sin habla.
             Novio carmesí.
             Por la orilla muda

---

29 **Heridas de...** *waxen wounds, sorrow of myrtle. Sleep in the morning, keep watch by night*

30 **El hilo...** *the thread stumbles upon the stony flint. The blue mountains let it pass by. It runs, runs, and runs. And in the end it will stick in a knife and take away bread*

tendidos los vi.[31]

Se detiene mirando la madeja.

5   NIÑA   (*Asomándose a la puerta.*)
Corre, corre, corre
el hilo hasta aquí.
Cubiertos de barro°   mud
los siento venir.
10   ¡Cuerpos estirados,°   stretched out
'paños de marfil!°   ivory shrouds

Se va.

15   *Aparece la Mujer y la Suegra de Leonardo.*
Llegan angustiadas.

MUCHACHA 1ª ¿Vienen ya?

20 SUEGRA   (*Agria.°*) No sabemos.   sourly

MUCHACHA 2ª ¿Qué contáis de la boda?

MUCHACHA 1ª Dime.

25

SUEGRA   (*Seca.*) Nada.

MUJER   Quiero volver para saberlo todo.

30 SUEGRA   (*Enérgica.*) Tú, a tu casa.
Valiente y sola en tu casa.
A envejecer° y a llorar.   to grow old
Pero la puerta cerrada.
Nunca. Ni muerto ni vivo.
35   Clavaremos las ventanas.
Y vengan lluvias y noches

---

31 **Amante sin...** *a voiceless lover. A crimson groom. I saw them lying down by the mute riverbank*

sobre las hierbas amargas.³²

MUJER   ¿Qué habrá pasado?

SUEGRA No importa.
Échate un velo en la cara.
Tus hijos son hijos tuyos
nada más. Sobre la cama
pon una 'cruz de ceniza°   ashen cross
donde estuvo su almohada.°   pillow

Salen.

MENDIGA (*A la puerta.*) Un pedazo° de pan, muchachas.   piece

NIÑA   ¡Vete!

Las Muchachas se agrupan.

MENDIGA ¿Por qué?

NIÑA   Porque tú gimes:° vete.   are whining

MUCHACHA 1ª ¡Niña!

MENDIGA ¡Pude pedir tus ojos! Una nube
de pájaros me sigue; ¿quieres uno?

NIÑA   ¡Yo me quiero marchar!

MUCHACHA 2ª (*A la Mendiga.*)
¡'No le hagas caso!°   don't mind her

MUCHACHA 1ª ¿Vienes por el camino del arroyo?

MENDIGA Por allí vine.

---

32 **Clavaremos las...** *we will nail up the windows. Let the night and the rains fall over the bitter grass*

MUCHACHA 1ª (*Tímida.*) ¿Puedo preguntarte?

MENDIGA   Yo los vi; pronto llegan dos torrentes
            quietos° al fin entre las piedras grandes,   motionless
5   dos hombres en las patas° del caballo.   legs
            Muertos en la hermosura de la noche.

                        Con delectación.°   delight

10   Muertos sí, muertos.

MUCHACHA 1ª ¡Calla, vieja, calla!

MENDIGA   Flores rotas los ojos, y sus dientes
15   dos puñados de nieve endurecida.[33]
            Los dos cayeron, y la novia vuelve
            teñida° en sangre falda y cabellera.   stained
            Cubiertos con dos mantas° ellos vienen   blankets
            sobre los hombros de los mozos altos.
20   Así fue; nada más. Era lo justo.
            Sobre la flor del oro, sucia arena.

            Se va. Las Muchachas inclinan la cabeza y
                rítmicamente van saliendo.
25

MUCHACHA 1ª Sucia arena.

MUCHACHA 2ª Sobre la flor del oro.

30 NIÑA   Sobre la flor del oro
            traen a los muertos del arroyo.
            Morenito el uno,
            morenito el otro.
            ¡Qué ruiseñor de sombra vuela y gime
35   sobre la flor del oro!

Se va. Queda la escena sola. Aparece la Madre con una Vecina. La

---

33 **sus dientes...** *their teeth like fistfuls of hardened snow*

Vecina viene llorando.

MADRE   Calla.

VECINA   No puedo.

MADRE   Calla, he dicho. (*En la puerta.*) ¿No hay nadie aquí? (*Se lleva las manos a la frente.*) Debía contestarme mi hijo. Pero mi hijo es ya un brazado° armful de flores secas. Mi hijo es ya una voz oscura detrás de los montes. (*Con rabia, a la Vecina.*) ¿Te quieres callar? No quiero llantos en esta casa. Vuestras lágrimas° son lágrimas de los ojos nada más, y las tears mías vendrán cuando yo esté sola, de las plantas de los pies, de mis raíces, y serán más ardientes que la sangre.[34]

VECINA   Vente a mi casa; no te quedes aquí.

MADRE   Aquí. Aquí quiero estar. Y tranquila. Ya todos están muertos. A media noche dormiré, dormiré sin que ya 'me aterren° la escopeta o el cuchillo. Otras scare me madres se asomarán a las ventanas, azotadas° por whipped la lluvia, para ver el rostro de sus hijos. Yo, no. Yo haré con mi sueño una fría paloma de marfil que lleve camelias de escarcha sobre el camposanto.° cemetery Pero no; camposanto, no, camposanto, no: 'lecho de tierra,° cama que 'los cobija° y que 'los mece° earthen bed, shelters por el cielo. (*Entra una Mujer de negro que se di-* them, rocks them *rige a la derecha y allí se arrodilla.° A la Vecina.*) kneels down Quítate las manos de la cara. Hemos de pasar días terribles. No quiero ver a nadie. La Tierra y yo. Mi llanto y yo. Y estas cuatro paredes. ¡Ay! ¡Ay! (*Se sienta transida.°*) stricken with grief

---

34 **Vuestras lágrimas...** *your tears are nothing more than tears of the eyes, and mine will come from the soles of my feet, from my roots, when I am alone, and they will burn more than blood*

VECINA	'Ten caridad° de ti misma.	take pity

MADRE   (*Echándose el pelo hacia atrás.*) He de estar serena.°   calm
(*Se sienta.*) Porque vendrán las vecinas y no quiero
que me vean tan pobre. ¡Tan pobre! Una mujer
que no tiene un hijo siquiera que poderse llevar a
los labios.³⁵

Aparece la Novia. Viene sin azahar y con un manto negro.

VECINA   (*Viendo a la Novia, con rabia.*) ¿Dónde vas?

NOVIA   Aquí vengo.

MADRE   (*A la Vecina.*) ¿Quién es?

VECINA   ¿No la reconoces?

MADRE   Por eso pregunto quién es. Porque tengo que no
reconocerla, para no clavarle mis dientes en el cue-
llo. ¡Víbora! (*Se dirige hacia la Novia con 'ademán   threatening gesture
fulminante;° se detiene. A la Vecina.*) ¿La ves? Está
ahí, y está llorando, y yo quieta, sin arrancarle los
ojos. No me entiendo. ¿Será que yo no quería a
mi hijo? Pero, ¿y su honra? ¿Dónde está su honra?
(*Golpea° a la Novia. Ésta cae al suelo.*)   strikes

VECINA   ¡Por Dios! (*Trata de separarlas.*)

NOVIA   (*A la Vecina.*) Déjala; he venido para que me mate
y que me lleven con ellos. (*A la Madre.*) Pero no
con las manos; con 'garfios de alambre° con una   wire hooks
hoz° y con fuerza, hasta que se rompa en mis hue-   sickle
sos.³⁶ ¡Déjala! Que quiero que sepa que yo soy limpia, que estaré loca, pero que me puedan enterrar
sin que ningún hombre se haya mirado en la blan-

---

35 **Una mujer...** *a woman without even one child to raise to her lips*
36 **hasta que...** *until it breaks on my bones*

cura de mis pechos.

MADRE   Calla, calla; ¿qué me importa eso a mí?

NOVIA   ¡Porque yo me fui con el otro, me fui! (*Con angus-
        tia.*) Tú también te hubieras ido. Yo era una mujer
        quemada,° llena de llagas° por dentro y por fuera, y   on fire, sores
        tu hijo era un poquito de agua de la que yo espera-
        ba hijos, tierra, salud; pero el otro era un río oscu-
        ro, lleno de ramas, que acercaba a mí el rumor de
        sus juncos y su 'cantar entre dientes.° Y yo corría   whispered song
        con tu hijo que era como un niñito de agua fría
        y el otro me mandaba cientos de pájaros que me
        impedían el andar y que dejaban escarcha sobre
        mis heridas de pobre mujer marchita, de mucha-
        cha acariciada por el fuego.[37] Yo no quería, ¡óyelo
        bien!; yo no quería. ¡Tu hijo era mi fin y yo no lo
        he engañado, pero el brazo del otro me arrastró
        como un golpe de mar, como la cabezada° de un   head toss
        mulo, y me hubiera arrastrado siempre, siempre,
        siempre, aunque hubiera sido vieja y todos los hi-
        jos de tu hijo me hubiesen agarrado° de los cabe-   grabbed
        llos! (*Entra una Vecina.*)

MADRE   Ella no tiene culpa, ¡ni yo! (*Sarcástica.*) ¿Quién la
        tiene, pues? ¡Floja, delicada, mujer de mal dormir,
        es quien tira una corona de azahar para buscar un
        pedazo de cama calentado por otra mujer![38]

NOVIA   ¡Calla, calla! 'Véngate de mí;° ¡aquí estoy! Mira   take revenge on me
        que mi cuello es blando; te costará menos trabajo
        que segar° una dalia de tu huerto.° Pero ¡eso no!   to reap, garden
        Honrada, honrada como una niña recién nacida.
        Y fuerte para demostrártelo. Enciende° la lum-   light

---

37 **Me impedían...** *prevented me from walking and left frost on the
wounds of a poor withered woman, of a girl caressed by fire*
38 **Floja, delicada...** *lazy, fussy, and whorish is she who discards her
orange-blossom wreath in search of a bed already warmed by another woman*

bre. Vamos a meter las manos; tú por tu hijo, yo, por mi cuerpo. La retirarás° antes tú. (*Entra otra Vecina.*)   will withdraw

MADRE   Pero ¿qué me importa a mí tu honradez? ¿Qué me importa tu muerte? ¿Qué me importa a mí nada de nada? Benditos° sean los trigos, porque mis hi-   blessed
jos están debajo de ellos; bendita sea la lluvia, por-
que moja la cara de los muertos. Bendito sea Dios,
que nos tiende juntos para descansar.[39] (*Entra otra Vecina.*)

NOVIA   Déjame llorar contigo.

MADRE   Llora, pero en la puerta.

Entra la Niña. La Novia queda en la puerta.
La Madre en el centro de la escena.

MUJER   (*Entrando y dirigiéndose a la izquierda.*)
Era hermoso jinete,
y ahora montón de nieve.
Corrió ferias y montes
y brazos de mujeres.
Ahora, musgo° de noche   moss
'le corona la frente.°   crowns his forehead

MADRE   Girasol° de tu madre,   sunflower
espejo de la tierra.
Que te pongan al pecho
cruz de amargas adelfas;°   oleander
sábana que te cubra
de reluciente seda,
y el agua forme un llanto
entre tus manos quietas.

MUJER   ¡Ay, que cuatro muchachos

---

39 **Que nos...** *he lies us down together to rest*

llegan con hombros cansados!

NOVIA   ¡Ay, que cuatro galanes
traen a la muerte por el aire!

MADRE   Vecinas.

NIÑA   (*En la puerta.*)
Ya los traen.

MADRE   Es lo mismo.
La cruz, la cruz.

MUJERES   Dulces clavos,
dulce cruz,
dulce nombre
de Jesús.

NOVIA   Que la cruz ampare° a muertos y a vivos.   protect

MADRE   Vecinas con un cuchillo,
con un cuchillito,
'en un día señalado° entre las dos y las tres,   on their appointed day
se mataron los dos hombres del amor.
Con un cuchillo,
con un cuchillito
que apenas cabe° en la mano,   fits
pero que penetra fino
por las carnes asombradas°   startled
y que se para en el sitio
donde tiembla enmarañada°   tangled
la oscura raíz del grito.
Y esto es un cuchillo,
un cuchillito
que apenas cabe en la mano;
pez sin escamas° ni río,   scales
para que un día señalado, entre las dos y las tres,
con este cuchillo

se queden dos hombres duros
con los labios amarillos.
Y apenas cabe en la mano,
pero que penetra frío
por las carnes asombradas
y allí se para, en el sitio
donde tiembla enmarañada
la oscura raíz del grito.

Las vecinas, arrodilladas en el suelo, lloran.

Telón.

Fin

Spanish-English Glossary

The English definitions of the following words refer to their specific meaning in *Bodas de sangre*. Many also have other meanings which are not included here.

A

a fondo deeply, in-depth

a la fuerza by force

a tiempo on time

abajo down there, below

abanico fan

abatido dispirited, downhearted

abrasar to burn

abrazados arm in arm

abrazar to embrace, to hug

abrir to open

acabar to finish

acariciar to caress

acecho crouching, lying in wait, threat

acercarse to move closer to

acero steel

acompañamiento wedding party

acompañar to accompany

acordarse to remember

acostumbrado a accustomed to

actitud attitude

adelfa oleander

ademán gesture, expression

adornarse to adorn oneself

afable affable, nice

agarrar to grab

agitado hectic

agria sour

agruparse to group together, to bundle

agua water

aguantar to put up with, to hold back

aguardar to await

ahogarse to drown

aire air

al fin y al cabo after all

ala wing

alacena cupboard

alambre wire

alba dawn

alcoba bedroom, bedchamber

aldabonazo loud knock

alegrar to gladden, to make... happy

alfiler pin

algazara jubilation, rejoicing, noise, commotion

algo something

aliento breath

aljibe well, cistern

allí there

alma soul
almohada pillow
alrededor around
alumbrar to illuminate, to light
amanecer dawn, daybreak
amante lover
amargo bitter
amarrado tied up
amasar to knead
ambiente environment
amparar to protect
ancha broad-hipped
ancho wide
anciana old woman
anciano elderly, old
andar to walk, to go
anegarse to be flooded
angustiado distressed
anoche last night
ansia yearning, longing
antiguo old
apagar to fade, to wane
aparecer to appear
apartar to push aside, to part, to go
    away
aparte aside
apenas hardly, scarcely
apoyarse to lean on
apretar to tighten
árbol tree
arco arch
arena sand
arisca unfriendly, standoffish
arrancarse to pull off
arranque outburst, fit
arrastrar to drag
arrayán myrtle
arrepentirse to change your mind
arrinconada cornered

arrodillarse to kneel down
arroyo riverbed, stream
asomarse to lean out of a window
asombrado startled, suprised
asunto matter, subject
asustarse to be scared
atisbar to spy on, to observe
atreverse to dare to
aterrar to terrify
azada hoe
azahar orange blossom
azófar brass
azotado whipped

B
bajar to lower
bandeja tray
bando faction, side
baranda verandah, balcony rail
barato cheap
barbilla chin
barro mud
belfo muzzle, horse lips
bendecir to bless
bendición blessing
bendito blessed
besar to kiss
beso kiss
bieldo winnowing hook
bisabuelo great-grandfather
blancura whiteness
blando gently, soft
boca mouth
boda wedding
bordado embroidery
bordar to embroider
bosque forest
botón button
brasa ember

brazado armful
brazo arm
bribón rogue, rascal
brida bridle
brillar to shine
brillo gleam, shine
brisa breeze
brizna blade
brotar to sprout
brusco brusque, abrupt
buey ox
bullir to boil, to bubble
buscar to look for

C
caballerías cavalry
caballo horse
cabellera hair
cabello hair
caber to fit
cabezada head toss
cada each, every
cadena chain
cadera hip
caerse to fall
calentar(se) to heat, to warm up
caliente warm
callar to be quiet
calzar to put on shoes
cama bed
camelia camellia, Japanese flower
camino road, way, path
campanas bells
campo fields, countryside
camposanto cemetery
cantar to sing, song
cántaro pitcher
cañada gully, ravine
cañón barrel of a gun

capital wealth, capital, fortune
cara face
cardo thistle
caricia caress
caridad pity, charity
cariñoso affectionate, warm
carne flesh
carrera race
carro horse-drawn cart, wagon
casa house
casamiento marriage, match, wedding
casarse to marry
casta stock, caste, family
castigar to punish, to hold back, to repress
castigo punishment
catedral cathedral
cavar to dig
caza hunt
celebrar to be pleased, to be delighted
cena dinner
cenefa trim
ceniza ash
cera wax
cercar to surround, to enclose
cerco circle, siege
cerezo cherry tree
cerro hill
chaleco waistcoat, vest
charol patent leather
chiquillos young lads, children
chocar to surprise
chorro spurt of water, stream
choza hut, shack
chumbera cactus tree
cieno mud, silt
cinta ribbon

cintura waist
cisne swan
clarear to get light, daybreak
claridad light
clavado stuck
clavar to nail shut
clavarse to cut into, to stick into
clavel carnation
clavelina small carnation
clavo nail, splinter
cobijar to shelter
cobres copperware
cofre trunk, coffin
coger to take, to get, to pick, to gather, to hold
cola tail, train of a dress
colcha bedspread
colina hill
compañía company
comprar to buy
comprender to understand
comprometerse to promise to do, to make a commitment
confidencial confidential
conforme agreed
conocer to know, to be familiar with
consuelo consolation
consumirse to waste away
contestar to respond, to answer
convidado guest
convidar to invite
copa wine glass, treetop
corazón heart
corona wreath, crown
coronar to crown
corpiño bodice, brassière
correr to run
cortado cut, mangled

cortar to cut
cortinajes set of curtains
cosa thing
coser to sew
creer to believe
cresta crest
criarse to grow up
criatura child
crin mane
cristal crystal, glass, window
cruce crossing
cruz cross
cubrir to cover
cuchara spoon
cuchillo knife
cuello throat, neck
cuerpo body
cueva cave
cuidar to look after, to take care of
culpa guilt, blame
cumplir to fulfill, to carry out
cuna cradle
curar to cure
custodia monstrance

D
dalia dahlia
dar la vuelta to turn around
darse prisa to hurry up
de cuidado to be reckoned with
debajo de underneath
deber duty
decir to say, to tell
dedo finger
defender to defend
dejar to allow, to leave, to let go
dejar caer to let fall
delante ahead, first
delectación delectation, delight,

pleasure
delicada fussy
demonio devil
demostrar to demonstrate
derecha right
derramar to spill
desangrado bloodless
desaparecer to disappear
descansar to rest
descendencia descendants
descuida don't worry
descuidado neglected
desesperación desperation
desgarrado shrill, piercing
desgracia trouble, misfortune
desorbitado popping out
despacio slowly
despegar to peel off, to unstick
despego emptiness, detachment
despejar to dispel, to clear away
despertarse to wake up
despierto awake
detenerse to stop
devanar to wind, to coil
dichosa happy, fortunate
diente tooth
Dios God
dirigir(se) to lead, to direct, to go
   towards
disgustarse to become upset
dispense excuse me
docenas dozens
doler to hurt, to ache
dolor pain, shame
dominar to dominate, to control
domingo Sunday
doncella maiden
dormir to sleep
dudar to doubt

dueño owner
dulce sweet
durar to last
duro hard

E

echar to give, to throw
echar fuego give off heat
echarse to lie down
emboscada ambush
empapado soaked
en seguida immediately, at once
encaje lace
encañonado ruffled
encarnado red
encender to light
encerrarse to shut oneself in
encontrar to meet
endurecida hardened
enagua petticoat, underskirt
engañar to deceive, to mislead
enmarañado tangled, enmeshed
enseñar to show, to teach
entera entire
enterarse to find out about, to
   know about
enterrar to bury
entonación tone, shade
entonces then
entretener to entertain
entretenerse to linger, to stay long
entusiasmarse to get excited
envejecer to grow old
envolver to wrap up
escalera stairs, staircase
escama scale
escaparse to escape
escarcha frost
escaso scarce, barely

escopeta shotgun
escupir to spit
espantarse to be frightened
espejo mirror
esperar to hope, to wish for
espiga stalk, ear of corn
espina thorn
espuelas spurs
esquina corner
establo stable
estanque pond
estar de pie standing up
estatua statue
estatura height
estirado stretched out
estrella star
estrujar to crumple, to crush
expresar to express
expuesto a exposed to

F
falda skirt
felicidad happiness
feria fair
fiebre fever
figurar to appear
fijo fixedly
filo edge
fingida false
floja lazy
florido flowery, blossoming
fondo background
frente forehead
fresco fresh, alive
fuego fire
fuente fountain, spring
fuerza strength
fulminante threatening, devastating

fumar to smoke
fundir to melt

G
galán young man
galana young woman
galope gallop
garfio hook
garganta throat
gasa gauze, fabric
gemido moan
gemir to moan, to whine
geranio geranium (kind of flower)
girar to turn
girasol sunflower
golondrina swallow
golpe throb
golpear to hit, to strike
gorra cap, bonnet
granate maroon
grillo cricket
gris gray
gritar to shout
grueso thick
guardar to keep watch over
gustar to be pleasing to

H
habitación room
hablar to talk, to speak
hacer punto to stitch
hacerle caso to pay attention to, to mind
hacha ax
hecho polvo turning to dust
helado frozen
heredado inherited
herencia inheritance
herida wound

herido wounded
hermano brother
hermosura beauty
herrador farrier, blacksmith
herraduras horse shoes
hierba grass
hijo child
hilo thread
hincharse to swell up
hipocresía hypocrisy
hoja leaf, blade
hombre man, human being
hombro shoulder
honra honor
honradez honesty, decency
honrado respectable
hoz sickle
huerta orchard
huerto orchard, garden
húmedo humid, moist
humilde humble

I
iglesia church
ilusión hope, dream
imitar to imitate
impedir to impede, to prevent
inclinación inclination, instinct
inclinado tilted, crooked
inmenso immense
inquieta worried
inquietud anxiety, worry
interrumpir to interrupt
inútil useless
invenciones fabrications, fantasies
invitado guest
ir to go
irse to go away
izquierda left

J
jaca wild mare
jarro pitcher
jaspe jasper
jazmín jasmine
jinete horseman, rider
juntar to unite, to join
junto together
justo just, fair

L
labio lip
ladera hillside
lágrima tear
lamento grief, lament
lamer to lick
lana wool
laurel laurel, Laurel tree
lazos ribbons
lecho bed
legua league
lejano distant
lejos far, distant
lengua tongue
leñador woodcutter
levantar(se) to lift, to get up
ligera light
limo mud, slime
limón lemon
limpiarse to clean oneself
limpio clean
llaga sore
llama flame
llano plain
llanto crying, wailing
llenar to fill
llevar to carry, to take
llorar to cry

lluvia rain
lograr to achieve, to be able to
lucero morning star
lucha struggle, fight
luchas fights
lucida magnificent
lucir to shine, to light up
lujo luxury, extravagance
lumbre fire
luna moon

M
machacar to crush
macho virile, manly
madeja skein, coil of wool
madre mother
madrugada early morning
malas hierbas weeds
maldito cursed
maleza brush, undergrowth
manada herd
manar to flow
mandar to order, to send
manejador wielder
manejar to handle
mano hand
manta blanket
mantel tablecloth
mantilla traditional Spanish shawl
manto shawl, cloak
mañana morning, tomorrow
máquina harvesting machine
mar sea
marcharse to leave
marchita withered
marearse to feel noxious, to get dizzy
marfil ivory
marido husband

maroma rope
matador killer, assassin
matar to kill
mecer to rock
media half
medias caladas embroidered stockings
medidor assessor, person who weighs grain
mejilla cheek
mejor better
mendiga beggar woman
menear to wiggle, to move
mentira lie
mes month
meseta plateau
meter to put
migas bread crumbs
mío mine
mirar to watch
mitad middle, half
modesto modest
modosa well-mannered
mojado wet
mojarse to get wet
molino mill
moneda coin
montado mounted
montar to mount, to ride
monte mountain
morder to bite
mordisco bite
moreno dark-haired
morir to die
mortaja shroud
mosca fly
moverse to move
mozo young boy
muerte death

mujer woman
mujer de mal dormir whore
mundo world
muñeca wrist
murmullo murmur
muro wall
musgo moss
muslo thigh
mutis exit

N
nacer to be born
nana lullaby
navaja knife, blade
nietos grandchildren
nieve snow
no probar alcohol to never touch alcohol
noche night
nogal walnut tree
nombrar to name, to mention
novia bride, girlfriend
noviazgo engagement
novio groom, boyfriend
nube cloud
nublos storm clouds
nudo knot, lump

O
obedecer to obey
ocultarse to hide oneself
ofender to offend
oír to hear
ojalá I wish
ojos eyes
oler a to smell like
oliva olive
olivar olive grove
olivos olive trees

olvidar to forget
oponerse a to get in the way of, to object to
oreja ear
orgullo pride
orgulloso proud
orilla river bank, shore
oro gold
oscuro dark
otra vez again, one more time

P
padre father
pagado paid, hired
paisaje landscape
pájaro bird
palillos wooden castanets
palma palm leaf
paloma dove
palomo cock pigeon
pámpano vine
pan bread
pana corduroy
pandereta tambourine
pantorrilla calf (leg muscle)
paño sheets
pañuelo headscarf, handkerchief
parar to stop
parecer to seem
parecerse a to look like
pared wall
pasar to pass
paso step
pastora shepherdess
pata animal leg
patético pathetic
pecho chest, breast
pedazo piece
pedernal flint

pedir to ask for
pedrada a blow from a stone
pedruscos rough stones
peinado hair do
peinar to comb hair
pelo hair
pendientes earrings
penetrar to penetrate
pensar to think
perdón pardon, forgiveness
perdonar to forgive
perra dog
perrito de lana small water dogs, small poodles
perseguir to pursue, to chase
pesado heavy
pesar to weigh
peso weight
picar to sting, to itch
piedra stone
pinchar to pinch off, to prick
pintada painted
planta del pie sole of the foot
plantación planting
plata silver, money
plateado silver
pliegues pleats, folded cloth
plomo lead
poder to be able to
poderío power
podrido rotten
polvo dust
por cierto as a matter of fact, in fact
portón large door, doorway
preciso necessary
pregunta question
preguntar to ask
prender to tie, to fasten
presa prisoner

presidio prison
prima cousin
procurar to try
provechoso useful, fruitful
puente bridge
puerta door
pues well
puntas ends, tips
puñado fistful
puñal dagger, knife

Q

quebrar to break, to stir
quedar to remain
quedarse solo to be left alone
quejarse to complain, to moan
quemarse to burn up
quieto still, motionless
quitar to stop, to take away, to let go
quitarse to take off
quizá maybe, perhaps

R

rabia anger
raíz root
ralea lineage
rama branch
ramo bouquet
rana frog
raso satin
rayo ray
recogerse to gather up, to harvest
reconocer to recognize
recuerdo memory
redondo round
refrescar to refresh
refresco cool drink
regalo gift

reina queen
reír to laugh
relinchar to neigh, to whinny
reloj watch, clock
reluciente shiny
relucir to shine
relumbrante shining
relumbrar to shine brightly
reparto cast list
repicar to peal
reportarse to control oneself
requiebro amorous compliment
respirar to breathe
resplandor glare, brightness
retirar to remove, to withdraw
reventar to burst
rincón corner
ronda round, dance
rondar to roll on
ropa clothing
rosa rose
rosal rosebush
rostro face
roturación plowing, breaking of
    the ground
rozar to brush up against
rueda wheel, round
ruido noise, sound
ruiseñor nightingale
rumor murmur

S
sábana sheet
saber to know
sacar to take out
sagrado consecrated
sal gorda rock salt
sala room, hall
salir a to go out, to leave

salud health
saludo goodwill
sangre blood
santiguarse to cross oneself
santo saint
seca curtly
secano wasteland, dry land
secarse to dry up
seco dry
seda silk
segador harvester, reaper
segar to reap, to cut
seguir to continue, follow
sembrar to plant, to sow
semillas seeds
sensualidad sensuality
sentarle bien to suit well, to look
    good on
sentarse to sit down
sentido sense, feel
sentir to feel
señalado appointed
señalar to point to, to show
separar to separate
ser to be
sereno calmly
sien temple
silbo whisper
silla chair
sin embargo nevertheless
sino destiny, fate
sinrazón injustice,
    unreasonableness
siquiera at least, even
sobresalto startle, fright
sol sun
solapas lapels
soledad solitude
sollozar to sob

soltar to let go
sombra shadow
sombría sullen
sombrío shadowy
sonriente smiling
sonrisa smile
soñar to dream
soñoliento somnolent, dreamily, sleepy, drowsy
sorprender to surprise
sosegarse to calm down
sosiego serenity
sostener to sustain
subir to go up, to climb
sudar to sweat
suegra mother-in-law
suelo ground, floor
sueño dream, fantasy, illusion
surgir to emerge, to arise

T
tallo stem, shoot
tapar to cover up
taparse to wrap up
tapia fence
tardar to take time
tejado roof
tela cloth
telón curtain
temblar to shake, to tremble
temer to fear
tenderse to lie down
tendido lying down
tener razón to be right
tener suerte to be lucky
tenue pale
teñir to stain, to dye
terreras silt banks (of a river)
tesoro treasure

tienda store
tierna affectionate, tender
tierra land
tirar to pull, to throw, to discard
tobillo ankle
toca veil, wreath
todavía still
tomar to drink, to have something to eat, to take
tonterías nonsense
topacio topaz
toro bull
toronjil citron patch
torrente torrent
trabajador hard-working, worker
traer to bring
traje suit
transido overwhelmed, stricken
tratar de + infinitivo to try to...
trenza braid of hair
trigo wheat
triste sad
tronco trunk
tropezar con to stumble over
tumbado lying down
tuyo yours

U
uñas fingernails
utilizar to use
uvas grapes

V
vacilar to hesitate
vacío empty
valer to be worth
vara yard, thick pole
variar to vary
varón male, man

vecino neighbor
velar to keep watch, to stay awake
venas veins
vender to sell
veneno venom
vengarse to take revenge
venir to come
ventana window
ver to see, to watch
ver to see
verdad truth
verdeoscuro dark green
vereda path
vergonzosa bashful
vestido dress
vestirse to get dressed

víbora viper
vidrio glass
viejo old
vino wine
viña vineyard
visera peak
vivir to live
volver to return
voz voice

Y

ya already

Z

zaguán entry hall
zamarrear to shake

Yerma

Yerma

Poema trágico en tres actos y seis cuadros

Personajes

YERMA	HEMBRA
MARÍA	CUÑADA PRIMERA
VIEJA PAGANA	CUÑADA SEGUNDA
DOLORES	MUJER PRIMERA
LAVANDERA PRIMERA	MUJER SEGUNDA
LAVANDERA SEGUNDA	NIÑOS
LAVANDERA TERCERA	JUAN
LAVANDERA CUARTA	VÍCTOR
LAVANDERA QUINTA	MACHO
LAVANDERA SEXTA	HOMBRE PRIMERO
MUCHACHA PRIMERA	HOMBRE SEGUNDO
MUCHACHA SEGUNDA	HOMBRE TERCERO

Acto primero

CUADRO PRIMERO

Al levantarse el telón° *está Yerma dormida con un 'tabaque de costu-*   curtain
ra° *a los pies. La escena tiene una extraña luz de sueño. Un Pastor*°   sewing kit, shepherd
sale 'de puntillas° *mirando fijamente*° *a Yerma. Lleva de la mano*   on tiptoes, fixedly
a un Niño vestido de blanco. Suena el reloj.° *Cuando sale el Pastor,*   clock
la luz azul 'se cambia por° *una alegre luz de mañana de primavera.*   changes into
Yerma se despierta.

CANTO   (*Voz dentro.*)
                       A la nana,° nana, nana,   lullaby
                       a la nanita le haremos
5   una chocita° en el campo   small shack
                       y en ella 'nos meteremos.°   we will get in

YERMA   Juan, ¿me oyes? Juan.

10 JUAN   Voy.

YERMA   'Ya es la hora.°   it's time

JUAN   ¿Pasaron las yuntas?°   oxen

15
YERMA   Ya pasaron todas.

JUAN   Hasta luego. (*Va a salir.*)

20 YERMA   ¿No tomas un vaso de leche?

JUAN   ¿Para qué?

YERMA   Trabajas mucho y no tienes tú cuerpo para resis-
25   tir los trabajos.[1]

JUAN   Cuando los hombres se quedan enjutos° se po-   lean
                  nen fuertes como el acero.°   steel

30 YERMA   Pero tú no. Cuando nos casamos eras otro.
                  Ahora tienes la cara blanca como si no te diera
                  en ella el sol.[2] A mí me gustaría que fueras al río
                  y nadaras y que 'te subieras al tejado° cuando la   climb up on the roof

---

1 **Trabajas mucho...** *you work a lot but your body can't withstand the labor*

2 **Como si...** *as if the sun had never touched it*

lluvia cala° nuestra vivienda.° Veinticuatro meses llevamos casados, y tú cada vez más triste, más
enjuto, como si crecieras al revés.³   *drenches, house*

JUAN   ¿'Has acabado?°   *have you finished*

YERMA   (*Levantándose.*) No lo tomes a mal.⁴ Si yo estuviera enferma me gustaría que tú 'me cuidases.°   *take care of me*
«Mi mujer está enferma: voy a matar ese cordero°   *lamb*
para hacerle un buen guiso° de carne. Mi mujer   *stew*
está enferma: voy a guardar° esta 'enjundia de ga-   *save*
llina° para 'aliviar su pecho;° voy a llevarle esta   *chicken-fat, ease her*
'piel de oveja° para guardar sus pies de la nieve.»   *chest; sheepskin*
Así soy yo. Por eso te cuido.

JUAN   Y 'yo te lo agradezco.°   *I appreciate it*

YERMA   Pero no te dejas cuidar.⁵

JUAN   Es que no tengo nada.⁶ Todas esas cosas son su-
posiciones° tuyas. Trabajo mucho. Cada año   *assumptions*
seré más viejo.

YERMA   Cada año...tú y yo seguiremos aquí cada año...

JUAN   (*Sonriente.°*) Naturalmente. Y bien sosegados.°   *smiling, peaceful*
Las cosas de la labor van bien, no tenemos hijos
que gasten.°   *spend money*

YERMA   No tenemos hijos... ¡Juan!

JUAN   Dime.

---

3 **Veinticuatro meses...** *we have been married for twenty-four months
now and you just get sadder and thinner, as if you were growing backwards*
4 **No lo...** *don't take it the wrong way*
5 **Pero no...** *but you don't let me take care of you*
6 **Es que...** *because there is nothing wrong with me*

YERMA   ¿Es que yo no te quiero a ti?

JUAN   Me quieres.

5 YERMA   Yo conozco muchachas que han temblado° y   trembled
que lloraban antes de entrar en la cama con sus
maridos. ¿Lloré yo la primera vez que me acosté
contigo? ¿No cantaba al levantar los 'embozos
de holanda?° Y no te dije, ¡cómo 'huelen a man-   fine linens
10 zanas° estas ropas!°   smell like apples, bed-
clothes

JUAN   ¡Eso dijiste!

YERMA   Mi madre lloró porque no sentí separarme de
15 ella.[7] ¡Y era verdad! Nadie se casó con más alegría. Y 'sin embargo...°   yet

JUAN   Calla.°   hush

20 YERMA   Y sin embargo...

JUAN   Calla. Demasiado trabajo tengo yo con oír en
todo momento...

25 YERMA   No. No me repitas lo que dicen. Yo veo por mis
ojos que eso no puede ser... A fuerza de caer la
lluvia sobre las piedras éstas se ablandan y hacen
crecer jaramagos, que las gentes dicen que no
sirven para nada.[8] Los jaramagos no sirven para
30 nada, pero yo bien los veo mover sus flores ama-
rillas en el aire.

JUAN   ¡'Hay que esperar!°   we must hope

YERMA   ¡'Sí, queriendo!° (*Yerma abraza y besa al marido,*   yes, with love

---

7 **Mi madre...** *my mother cried because I wasn't sorry to leave her*
8 **A fuerza...** *the strength of the falling rain softens the stones and makes*
yellow weeds grow, which they say aren't good for anything

tomando ella la iniciativa.)

JUAN   Si necesitas algo me lo dices y lo traeré. Ya sabes que no me gusta que salgas.

YERMA   Nunca salgo.

JUAN   Estás 'mejor aquí.°   better off here

YERMA   Sí.

JUAN   La calle es para la gente desocupada.[9]

YERMA   (*Sombría.* °) Claro.   sullen

El marido sale y Yerma 'se dirige° a la costura, se   goes
pasa la mano por el vientre,° alza° los brazos en   belly, raises
un hermoso bostezo° y se sienta a coser.°   sigh, sew

¿De dónde vienes, amor, mi niño?
«De la cresta° del duro frío.»   top

(*'Enhebra la aguja.*°)   threads the needle
¿Qué necesitas, amor, mi niño?
«La tibia tela de tu vestido.»
¡Que se agiten las ramas al sol
y salten las fuentes alrededor!¹⁰
(*Como si hablara con un niño.*)
En el patio ladra° el perro,   barks
en los árboles canta el viento.°   wind
Los bueyes mugen al boyero
y la luna me riza los cabellos.¹¹
¿Qué pides, niño, desde tan lejos?

---

9   **La calle...** *the street is for people with nothing to do*
10   **La tibia...** *the warm fabric of your dress. Let the branches tremble in the sun and the springs of water leap about*
11   **Los bueyes...** *the oxen low for the herdsman, and the moon curls my hair*

(*Pausa.*)
«Los blancos montes que hay en tu pecho.»

¡Que se agiten las ramas al sol
y salten las fuentes alrededor!

(*Cosiendo.*)
Te diré, niño mío, que sí.
'Tronchada y rota° soy para ti.   shattered and broken
¡Cómo me duele esta cintura°   womb
donde tendrás primera cuna!°   cradle
¿Cuándo, mi niño, vas a venir?

(*Pausa.*)
«Cuando tu 'carne huela a° jazmín.»   flesh smells like

¡Que se agiten las ramas al sol
y salten las fuentes alrededor!

Yerma 'queda cantando.° Por la puerta entra   keeps singing
María, que viene con un 'lío de ropa.°   bundle of clothes

YERMA   ¿De dónde vienes?

MARÍA   De la tienda.

YERMA   ¿De la tienda tan temprano?

MARÍA   Por mi gusto hubiera esperado en la puerta a que
             abrieran, y ¿a que no sabes lo que he comprado?

YERMA   'Habrás comprado° café para el desayuno, azú-   you probably bought
             car, los panes.

MARÍA   No. He comprado encajes,° tres 'varas de hilo,°   lace, spools of thread
             cintas° y 'lanas de color° para hacer madroños.°   ribbons, colored wool,
             El dinero lo tenía mi marido y me lo ha dado él   tassels
             mismo.

YERMA   Te vas a hacer una blusa.

MARÍA   No, es porque... ¿sabes?

5   YERMA   ¿Qué?

MARÍA   Porque ¡'ya ha llegado!°(*'Queda con la cabeza*   it's already come
         baja.° *Yerma se levanta y queda mirándola con*   she lowers her head
         admiración.)

10
YERMA   ¡A los cinco meses!

MARÍA   Sí.

15   YERMA   ¿Te has dado cuenta de ello?[12]

MARÍA   Naturalmente.

YERMA   (*Con curiosidad.*) ¿Y qué sientes?

20
MARÍA   No sé. (*Pausa.*) Angustia.°   anxiety

.

YERMA   Angustia. ('*Agarrada a ella.°*) Pero... ¿cuándo   holding on to her
25   llegó? Dime... Tú estabas descuidada...°   careless

MARÍA   Sí, descuidada...

YERMA   Estarías cantando,[13] ¿verdad? Yo canto. ¿Tú?...
30   dime.

MARÍA   No me preguntes. ¿No has tenido nunca un pája-
         ro vivo apretado en la mano?[14]

35   YERMA   Sí.

---

12   **Te has...** *can you tell it is there*
13   **Estarías cantando...** *you must have been singing*
14   **¿No has...** *have you ever held a live bird in your hands*

MARÍA	Pues, lo mismo…, pero 'por dentro de la sangre.°	inside of your blood
YERMA	¡'Qué hermosura!° (*La mira extraviada.°*)	how beautiful, at a loss
MARÍA	Estoy aturdida.° No sé nada.	confused
YERMA	¿De qué?	
MARÍA	De lo que tengo que hacer. Le preguntaré a mi madre.	
YERMA	¿Para qué? Ya está vieja y habrá olvidado estas cosas. No andes mucho y cuando respires° respira tan suave como si tuvieras una rosa entre los dientes.	breathe
MARÍA	Oye, dicen que más adelante te empuja° suavemente con las piernecitas.°	kicks / little legs
YERMA	Y entonces es cuando se le quiere más, cuando se dice ya: ¡mi hijo!	
MARÍA	En medio de todo tengo vergüenza.[15]	
YERMA	¿Qué ha dicho tu marido?	
MARÍA	Nada.	
YERMA	¿Te quiere mucho?	
MARÍA	No me lo dice, pero se pone junto a mí y sus ojos tiemblan como dos hojas° verdes.	leaves
YERMA	¿Sabía él que tú…?	
MARÍA	Sí.	

15 **En medio…** *in the midst of it all I feel ashamed*

YERMA: ¿Y por qué lo sabía?

MARÍA   No sé. Pero la noche que nos casamos me lo decía constantemente con su boca puesta en mi mejilla,° tanto que a mí me parece que mi niño   cheek es un palomo de lumbre que él me deslizó por la oreja.[16]

YERMA   ¡Dichosa!°   how fortunate

MARÍA   Pero tú estás más enterada de esto que yo.[17]

YERMA   ¿De qué me sirve?

MARÍA   ¡Es verdad! ¿Por qué será eso? De todas las novias de tu tiempo tú eres la única...

YERMA   Es así. Claro que todavía es tiempo.[18] Elena tardó° tres años, y otras antiguas,° del tiempo de mi   took, old ladies madre, mucho más, pero dos años y veinte días, como yo, 'es demasiada espera.° Pienso que no   is too long a wait es justo que yo me consuma° así. Muchas noches   waste away salgo descalza° al patio para pisar° la tierra, no sé   barefoot, step onto por qué. Si sigo así, acabaré volviéndome mala.[19]

MARÍA   ¡Pero ven acá, criatura! Hablas como si fueras una vieja. ¡Qué digo! Nadie puede quejarse° de   complain estas cosas. Una hermana de mi madre lo tuvo a los catorce años, ¡y si vieras qué hermosura de niño!

YERMA   (*Con ansiedad.*) ¿Qué hacía?

MARÍA   Lloraba como un torito, con la fuerza de mil ci-

---

16 **Un palomo...** *a dove of fire that he slid into my ear*
17 **Pero tú...** *but you know more about these things than I*
18 **Claro que...** *of course there is still time*
19 **Acabaré volviéndome...** *I'll end up going rotten*

garras cantando a la vez y nos orinaba y nos ti-
raba de las trenzas y, cuando tuvo cuatro meses,
nos llenaba la cara de arañazos.[20]

5 YERMA   (*Riendo.*) Pero esas cosas no duelen.

MARÍA   'Te diré ...°   let me tell you

YERMA   ¡Bah! Yo he visto a mi hermana 'dar de mamar
10   a su niño° con el pecho° lleno de grietas° y le   nurse her child, breast,
           producía un gran dolor, pero era un dolor fres-   scratches
           co,° bueno, necesario para la salud.   fresh

MARÍA   Dicen que con los hijos se sufre mucho.
15
YERMA   Mentira.° Eso lo dicen las madres débiles, las   that's a lie
           quejumbrosas.° ¿Para qué los tienen? Tener un   complainers
           hijo no es tener un 'ramo de rosas.° 'Hemos de   bouquet of roses
           sufrir° para verlos crecer. Yo pienso que se nos   we must suffer
20   va la mitad de nuestra sangre.[21] Pero esto es bue-
           no, sano, hermoso. Cada mujer tiene sangre para
           cuatro o cinco hijos, y cuando no los tienen se les
           vuelve veneno, como me va a pasar a mí.[22]

25 MARÍA   No sé lo que tengo.[23]

YERMA   Siempre oí decir que las primerizas° 'tienen sus-   first-time mothers
           to.°   are afraid

30 MARÍA   (*Tímida.*) Veremos... Como tú coses tan bien...

YERMA   (*Cogiendo°* el lío.) Trae. Te cortaré dos trajecitos.°   picking up, small outfits

---

20 **Lloraba como...** *he cried like a small bull, with the strength of a
thousand cicadas singing at the same time, and he urinated on us and pulled our
braids and, when he turned four months old, he covered our faces with scratches*
21 **Yo pienso...** *I think that we lose half of our blood*
22 **Y cuando...** *and when they don't have children their blood becomes
venom, just like what is going to happen to me*
23 **No sé...** *I don't know what is wrong with me*

¿Y esto?

MARÍA	Son los pañales.°

diapers

YERMA	Bien. (*Se sienta.*)

MARÍA	Entonces...Hasta luego.

'*Se acerca*° *y Yerma le coge*° *amorosamente el vien-* *tre con las manos.*

approaches, touches

YERMA	No corras por las piedras° de la calle.

cobblestones

MARÍA	Adiós. (*La besa. Sale.*)

YERMA	¡Vuelve pronto! (*Yerma queda en la misma acti-* *tud que al principio. Coge las tijeras*° *y empieza a* *cortar. Sale Víctor*). Adiós, Víctor.

scissors

VÍCTOR	(*Es profundo y lleva firme gravedad.*[24]) ¿Y Juan?

YERMA	En el campo.

VÍCTOR	¿Qué coses?

YERMA	Corto unos pañales.

VÍCTOR	(*Sonriente.*°) ¡Vamos!

smiling

YERMA	(*Ríe.*) Los voy a rodear de encajes.[25]

VÍCTOR	Si es niña le pondrás tu nombre.

YERMA	(*Temblando.*) ¿Cómo...?

VÍCTOR	Me alegro por ti.

---

24 **Es profundo...** *he has depth and is full of firm gravity*
25 **Los voy...** *I am going to trim them in lace*

YERMA   (*Casi ahogada.°*) No… , no son para mí. Son para   choking
el hijo de María.

VÍCTOR   Bueno, pues a ver si con el ejemplo te animas. En
esta casa hace falta un niño.²⁶

YERMA   (*Con angustia.*) ¡Hace falta!

VÍCTOR   Pues adelante. Dile a tu marido que piense menos en el trabajo. Quiere juntar° dinero y lo jun-   accumulate
tará, pero ¿a quién lo va a dejar cuando se muera?
Yo me voy con las ovejas. Dile a Juan que recoja°   pick up
las dos que me compró. Y en cuanto a lo otro,
¡que ahonde!° (*Se va sonriente.*)   try harder

YERMA   (*Con pasión.*) ¡Eso! ¡Que ahonde!

Yerma, que en actitud pensativa se levanta y acude°   goes over to
al sitio donde ha estado Víctor y respira fuertemen-
te, como si aspirara° aire de montaña, después va   breathed in
al otro lado de la habitación como buscando algo
y de allí vuelve a sentarse y coge otra vez la costura.
Comienza a coser y queda con los ojos fijos en un
punto.

Te diré, niño mío, que sí,
tronchada y rota soy para ti.
¡Cómo me duele esta cintura
donde tendrás primera cuna!
¿Cuándo, mi niño, vas a venir?
¡Cuando tu carne huela a jazmín!

TELÓN

---

26 **En esta…** *this house needs a child*

CUADRO SEGUNDO

Campo. Sale Yerma, Trae una cesta.°   basket
Sale la Vieja 1ª.

YERMA   Buenos días.

VIEJA 1ª   Buenos los tenga la hermosa muchacha.[27]
          ¿Dónde vas?

YERMA   Vengo de llevar la comida a mi esposo, que tra-
          baja en los olivos.°   olive groves

VIEJA 1ª   ¿Llevas mucho tiempo de casada?

YERMA   Tres años.

VIEJA 1ª   ¿Tienes hijos?

YERMA   No.

VIEJA 1ª   ¡Bah! ¡Ya tendrás!

YERMA   (*Con ansias.*°) ¿Usted lo cree?   longingly

VIEJA 1ª   ¿Por qué no? (*Se sienta.*) También yo vengo de
          traer la comida a mi esposo. Es viejo. Todavía tra-
          baja. Tengo nueve hijos como nueve soles,° pero   suns
          como ninguno es hembra,° aquí me tienes a mí   female
          de un lado para otro.[28]

YERMA   Usted vive al otro lado del río.

---

27 **Buenos los…** *good morning to the lovely lady*
28 **Aquí me…** *I am the one that has to go back and forth*

VIEJA 1ª   Sí. En los molinos.° ¿De qué familia eres tú?   *mills*

YERMA   Yo soy hija de Enrique el pastor.

5 VIEJA 1ª   ¡Ah! Enrique el pastor. Lo conocí. Buena gente. Levantarse, sudar, comer unos panes y morirse. Ni más juego, ni más nada. Las ferias para otros. Criaturas de silencio. Pude haberme casado con un tío tuyo. 'Pero ¡ca!° Yo he sido una mujer de   *but then*
10 faldas en el aire, he ido flechada a la tajada de melón, a la fiesta, a la torta de azúcar. Muchas veces me he asomado de madrugada a la puerta creyendo oír música de bandurrias° que iba, que   *"mandolins"*
venía, pero era el aire.[29] (*Ríe.*) Te vas a reír de mí.
15 He tenido dos maridos, catorce hijos, seis murieron, y sin embargo no estoy triste y quisiera vivir mucho más. Es lo que digo yo: las higueras,°   *fig trees*
¡cuánto duran! las casas, ¡cuánto duran!; y sólo nosotras, las endemoniadas mujeres, nos hace-
20 mos polvo por cualquier cosa.[30]

YERMA   Yo quisiera hacerle una pregunta.

VIEJA 1ª   ¿A ver? (*La mira.*) Ya sé lo que me vas a decir. De
25 estas cosas no se puede decir palabra. (*Se levanta.*)

YERMA   (*Deteniéndola.°*) ¿Por qué no? Me ha dado con-   *stopping her*
fianza° el oírla hablar. Hace tiempo estoy desean-   *confidence*
30 do tener conversación con mujer vieja. Porque yo quiero enterarme.° Sí. Usted me dirá...   *find out*

VIEJA 1ª   ¿Qué?

---

29 **He ido...** *I have shot like an arrow to melon slices, to parties, to sugar cakes. I leaned my head out the door many times at dawn thinking that I heard mandolin music ebbing and flowing, but it was only the wind*

30 **Y sólo...** *and for some reason it is only we poor bedeviled women that turn into dust*

YERMA	(*Bajando la voz.*) Lo que usted sabe. ¿Por qué estoy yo seca?° ¿Me he de quedar en plena vida para cuidar aves o poner 'cortinitas planchadas° en mi ventanillo? No. Usted 'me ha de decir° lo que tengo que hacer, que yo haré lo que sea, aunque me mande clavarme agujas en el sitio más débil de mis ojos.[31]
VIEJA 1ª	¿Yo? Yo no sé nada. Yo me he puesto 'boca arriba° y he comenzado a cantar. Los hijos llegan como el agua. ¡Ay! ¿Quién puede decir que este cuerpo que tienes no es hermoso? Pisas, y al fondo de la calle relincha° el caballo. ¡Ay! Déjame, muchacha, no me hagas hablar. Pienso muchas ideas que no quiero decir.
YERMA	¿Por qué? ¡Con mi marido no hablo de otra cosa!
VIEJA 1ª	Oye. ¿A ti te gusta tu marido?
YERMA	¿Cómo?
VIEJA 1ª	Que si lo quieres. Si deseas estar con él...
YERMA	No sé.
VIEJA 1ª	¿No tiemblas cuando se acerca a ti? ¿No te da así como un sueño cuando acerca sus labios?[32] Dime.
YERMA	No. No lo he sentido nunca.
VIEJA 1ª	¿Nunca? ¿Ni cuando has bailado?
YERMA	(*Recordando.*) Quizá...Una vez...Víctor...

Margin glosses: barren · pleated curtains · must tell me · face up · whinnies

---

31 **Aunque me...** *even if you tell me to stick needles into the most sensitive part of my eyes*

32 **¿No te...** *don't you feel like you're dreaming when he draws his lips close*

VIEJA 1ª	Sigue.	
YERMA	Me cogió de la cintura° y no pude decirle nada porque no podía hablar. Otra vez, el mismo Víctor, teniendo yo catorce años (él era un zagalón°), me cogió en sus brazos para saltar° una acequia° y me entró un temblor que 'me sonaron los dientes.° Pero es que yo he sido vergonzosa.°	waist young man, jump over irrigation ditch rattled my teeth, bashful
VIEJA 1ª	¿Y con tu marido?...	
YERMA	Mi marido es otra cosa. Me lo dio mi padre y yo lo acepté. Con alegría. Esta es la pura verdad. Pues el primer día que me puse de novia con él ya pensé... en los hijos... Y me miraba en sus ojos. Sí, pero era para verme muy chica, muy manejable,° como si yo misma fuera hija mía.	manageable
VIEJA 1ª	Todo lo contrario que yo. Quizá por eso no hayas parido° a tiempo. Los hombres tienen que gustar, muchacha. Han de deshacernos las trenzas y darnos de beber agua en su misma boca. Así corre el mundo.³³	given birth
YERMA	El tuyo, que el mío no. Yo pienso muchas cosas, muchas, y estoy segura que las cosas que pienso las ha de realizar° mi hijo. Yo me entregué° a mi marido por él, y me sigo entregando para ver si llega, pero nunca 'por divertirme.°	carry out, gave myself for pleasure
VIEJA 1ª	¡Y resulta que estás vacía!°	empty
YERMA	No, vacía no, porque me estoy llenando de odio.° Dime: ¿tengo yo la culpa? ¿Es preciso buscar en el hombre al hombre nada más?³⁴ Entonces, ¿qué vas a pensar cuando te deja en la cama con los	hatred

---

33 **Así corre...** *that's how the world works*
34 **¿Es preciso...** *should one see in a man just the man and nothing more*

ojos tristes mirando al techo° y 'da media vuelta°   ceiling, turns over
y se duerme? ¿He de quedarme pensando en él
o en lo que puede salir relumbrando° de mi pe-   shining
cho? Yo no sé, pero dímelo tú, 'por caridad.° (*Se*   out of charity
arrodilla.°)   kneels

VIEJA 1ª   ¡Ay qué flor abierta! ¡Qué criatura tan hermosa eres! Déjame.° No me hagas hablar más. No   leave me alone
quiero hablarte más. Son asuntos° de honra y yo   matters
no quemo° la honra de nadie. Tú sabrás. De to-   burn
dos modos, debías ser menos inocente.

YERMA   (*Triste.*) Las muchachas que se crían° en el cam-   are raised
po como yo, tienen cerradas todas las puertas.
Todo se vuelven medias palabras, gestos,° porque   gestures
todas estas cosas dicen que no se pueden saber. Y
tú también, tú también te callas y te vas con aire
de doctora, sabiéndolo todo, pero negándolo a
la que se muere de sed.³⁵

VIEJA 1ª   A otra mujer serena° yo le hablaría. A ti no. Soy   calm
vieja, y sé lo que digo.

YERMA   Entonces, que Dios 'me ampare.°   help me

VIEJA 1ª   Dios, no. A mí no me ha gustado nunca Dios.
¿Cuándo os vais a dar cuenta de que no existe?
Son los hombres los que te tienen que amparar.

YERMA   Pero ¿por qué me dices eso? ¿por qué?

VIEJA 1ª   (*Yéndose.*) Aunque debía haber Dios, aunque
fuera pequeñito, para que mandara rayos contra
los hombres de simiente podrida que encharcan

---

35 **Porque todas...** *because they say that all of these things must not be
mentioned. And you too, you also keep quiet and go about like a doctor who
knows everything but keeps it from she who is dying of thirst*

la alegría de los campos.³⁶

YERMA   No sé lo que me quieres decir.

5 VIEJA 1ª   Bueno, yo me entiendo. 'No pases tristeza.°   don't be sad
'Espera en firme.° Eres muy joven todavía. ¿Qué   hold firm
quieres que haga yo? (*Se va.*)

Aparecen dos Muchachas.

10

MUCHACHA 1ª Por todas partes nos vamos encontrando gente.

YERMA   Con las faenas,° los hombres están en los olivos,   all of the work
hay que traerles de comer. No quedan en las ca-
15   sas más que los ancianos.°   elderly

MUCHACHA 2ª ¿Tú regresas al pueblo?

YERMA   Hacia allá voy.

20

MUCHACHA 1ª Yo llevo mucha prisa. Me dejé al niño dormido y
no hay nadie en casa.

YERMA   Pues aligera,° mujer. Los niños no se pueden de-   hurry up
25   jar solos. ¿Hay cerdos° en tu casa?   pigs

MUCHACHA 1ª No. Pero tienes razón. Voy deprisa.°   quickly

YERMA   Anda. Así pasan las cosas. Seguramente lo has
30   dejado encerrado.°   locked up

MUCHACHA 1ª Es natural.

YERMA   Sí, pero es que no os dais cuenta lo que es un niño
35   pequeño. La causa que nos parece más inofensi-
va puede acabar con él. Una agujita, un sorbo°   sip

---

36 **Mandara rayos...** *to strike down men of rotten seed, who drown the
happiness of the fields, with lightning*

de agua.

MUCHACHA 1ª Tienes razón. Voy corriendo. Es que no me doy
bien cuenta de las cosas.

YERMA Anda.

MUCHACHA 2ª Si tuvieras cuatro o cinco no hablarías así.

YERMA ¿Por qué? Aunque tuviera cuarenta.

MUCHACHA 2ª De todos modos, tú y yo, con no tenerlos, vivimos más tranquilas.

YERMA Yo, no.

MUCHACHA 2ª Yo, sí ¿'Qué afán?° En cambio, mi madre no hace   who needs it
más que darme yerbajos° para que los tenga y en   wild herbs
octubre iremos al Santo que dicen que los da a la
que lo pide con ansia. Mi madre pedirá. Yo, no.

YERMA ¿Por qué te has casado?

MUCHACHA 2ª Porque me han casado. Se casan todas. Si segui-
mos así no va a haber solteras° más que las niñas.   single women
Bueno, y además... , una se casa en realidad mu-
cho antes de ir a la iglesia. Pero las viejas 'se em-
peñan° en todas estas cosas. Yo tengo diecinueve   insist
años y no me gusta guisar,° ni lavar. Bueno, pues   to cook
todo el día he de estar haciendo lo que no me
gusta. ¿Y para qué? ¿Qué necesidad tiene mi marido de ser mi marido? Porque lo mismo hacía-
mos de novios que ahora. Tonterías° de los viejos.   foolishness

YERMA Calla, no digas esas cosas.

MUCHACHA 2ª También tú me dirás loca. «¡La loca, la loca!»
(*Ríe.*) Yo te puedo decir lo único que he aprendi-

do en la vida: toda la gente está metida° dentro   stuck
de sus casas haciendo lo que no les gusta. Cuánto
mejor se está en medio de la calle. Ya voy al arro-
yo,° ya subo a tocar° las campanas,° ya me tomo   stream, ring, bells
un refresco de anís.

YERMA   Eres una niña.

MUCHACHA 2ª Claro, pero no estoy loca. (*Ríe.*)

YERMA   ¿Tu madre vive en la parte más alta del pueblo?

MUCHACHA 2ª Sí.

YERMA   ¿En la última casa?

MUCHACHA 2ª Sí.

YERMA   ¿Cómo se llama?

MUCHACHA 2ª Dolores. ¿Por qué preguntas?

YERMA   Por nada.

MUCHACHA 2ª Por algo preguntarás.[37]

YERMA   No sé...'es un decir...°   people say

MUCHACHA 2ª 'Allá tú...° Mira, me voy a dar la comida a mi ma-   that's your business
               rido. (*Ríe.*) 'Es lo que hay que ver.° Qué lástima   that's the way it is
               no poder decir mi novio, ¿verdad? (*Ríe.*) ¡Ya se
               va la loca! (*Se va riendo alegremente.*) ¡Adiós!

VOZ DE VÍCTOR (*Cantando.*) ¿Por qué duermes solo, pastor?
               ¿Por qué duermes solo, pastor?
               En mi 'colcha de lana°   wool bedspread
               dormirías mejor.

---

37 **Por algo...** *you must want to know something*

¿Por qué duermes solo, pastor?

YERMA   (*Escuchando.*) ¿Por qué duermes solo, pastor?
En mi colcha de lana
dormirías mejor.
Tu colcha de oscura piedra,
pastor,
y tu camisa de escarcha,°   frost
pastor,
juncos° grises del invierno   reeds
en la noche de tu cama.
Los robles° ponen agujas,   oak trees
pastor,
debajo de tu almohada,°   pillow
pastor,
y si oyes voz de mujer
es la rota voz del agua.
Pastor, pastor.
¿Qué quiere el monte de ti,
pastor?
Monte de 'hierbas amargas,°   bitter grass
¿qué niño te está matando?
¡La espina° de la retama!³⁸   thorn

Va a salir y se 'tropieza con° Víctor, que entra.   comes across

VÍCTOR   (*Alegre.*) ¿Dónde va lo hermoso?³⁹

YERMA   ¿Cantabas tú?

VÍCTOR   Yo.

YERMA   ¡Qué bien! 'Nunca te había sentido.°   I had never heard you

VÍCTOR   ¿No?

---

38 *Retama* is a tough yellow-flowered shrub that grows well in dry climates. It has needle-like thorns on its trunk and branches

39 **¿Dónde va...** *where is such beauty going*

YERMA	Y qué voz tan pujante.° Parece un chorro° de agua que te llena toda la boca.

vigorous, jet

VÍCTOR	Soy alegre.

5

YERMA	Es verdad.

VÍCTOR	Como tú triste.

10 YERMA   No soy triste, es que tengo motivos para estarlo.

VÍCTOR	Y tu marido más triste que tú.

YERMA	Él sí. Tiene un carácter seco.

15

VÍCTOR	Siempre fue igual. (*Pausa. Yerma está sentada.*) ¿Viniste a traer la comida?

YERMA	Sí. (*Lo mira. Pausa.*) ¿Qué tienes aquí? (*Señala*°

points to

20   *la cara.*)

VÍCTOR	¿Dónde?

YERMA	(*Se levanta y se acerca a Víctor.*) Aquí... en la me-

25   jilla. Como una quemadura.°   *burn mark*

VÍCTOR	No es nada.

YERMA	'Me había parecido.° (*Pausa.*)

it seemed like one

30

VÍCTOR	Debe ser el sol...

YERMA	Quizá...

35   *Pausa. El silencio 'se acentúa° y sin el menor gesto*   *intensifies*
comienza una lucha° entre los dos personajes.   *struggle*

YERMA	(*Temblando.*) ¿Oyes?

VÍCTOR	¿Qué?
YERMA	¿No sientes llorar?[40]
VÍCTOR	(*Escuchando.*) No.
YERMA	Me había parecido que lloraba un niño.
VÍCTOR	¿Sí?
YERMA	Muy cerca. Y lloraba como ahogado.° *drowning*
VÍCTOR	Por aquí hay siempre muchos niños que vienen a robar fruta.
YERMA	No. Es la voz de un niño pequeño.
	Pausa.
VÍCTOR	No oigo nada.
YERMA	Serán ilusiones mías.[41] (*Lo mira fijamente y Víctor la mira también y 'desvía la mirada° lentamente diverts his gaze como con miedo. Sale Juan.*)
JUAN	¡Qué haces todavía aquí!
YERMA	Hablaba.
VÍCTOR	Salud.° (*Sale.*) *farewell*
JUAN	Debías estar en casa.
YERMA	Me entretuve.° *I was delayed*
JUAN	No comprendo en qué te has entretenido.

---

40 **¿No sientes...** *can't you hear somebody crying*
41 **Serán ilusiones...** *it must be my imagination*

YERMA   Oí cantar los pájaros.

JUAN   Está bien. Así darás que hablar a las gentes.[42]

YERMA   (*Fuerte.*) Juan, ¿qué piensas?

JUAN   No lo digo por ti, lo digo por las gentes.

YERMA   ¡Puñalada que le den a las gentes![43]

JUAN   No maldigas.° Está feo en una mujer.   curse

YERMA   Ojalá fuera yo una mujer.

JUAN   Vamos a dejarnos de conversación. Vete a la casa.

             Pausa.

YERMA   Está bien. ¿Te espero?

JUAN   No. Estaré toda la noche regando.° Viene poca   watering
             agua, es mía hasta la salida del sol y tengo que de-
             fenderla de los ladrones.° Te acuestas y te duer-   thieves
             mes.

YERMA   (*Dramática.*) ¡Me dormiré! (*Sale.*)

                        TELÓN

---

42   **Así darás...** *but it gives people something to talk about*
43   **¡Puñalada que...** *damn the other people*

Acto segundo

CUADRO PRIMERO

Torrente° donde lavan las mujeres del pueblo. Las — stream
lavanderas° están situadas en varios planos.°¹ — laundresses, levels

Canto a telón corrido.²

En el arroyo frío
lavo tu cinta.° — ribbon
Como un jazmín caliente
tienes la risa.° — laugh

LAVANDERA 1ª A mí no me gusta hablar.

LAVANDERA 3ª Pero aquí se habla.

LAVANDERA 4ª Y no hay mal en ello.

LAVANDERA 5ª La que quiera honra que la gane.³

LAVANDERA 4ª Yo planté un tomillo,° — sprig of thyme
yo lo vi crecer.
El que quiera honra
que 'se porte° bien. (*Ríen.*) — behave

LAVANDERA 5ª Así se habla.

---

1 It was common for women in small towns to get together to wash clothes in a nearby stream, river, or washing well
2 **Canto a...** *singing can be heard before the curtain rises*
3 **La que...** *she who wants a good name must earn it*

LAVANDERA 1ª Pero es que nunca se sabe nada.[4]

LAVANDERA 4ª Lo cierto es que el marido se ha llevado a vivir
con ellos a sus dos hermanas.[5]

LAVANDERA 5ª ¿Las solteras?

LAVANDERA 4ª Sí. 'Estaban encargadas° de cuidar la iglesia y   were in charge of
ahora cuidarán de su cuñada.° Yo no podría vivir   sister-in-law
con ellas.

LAVANDERA 1ª ¿Por qué?

LAVANDERA 4ª Porque dan miedo. Son como esas hojas grandes
que nacen de pronto sobre los sepulcros. Están
untadas con cera. Son metidas hacia dentro. Se
me figura que guisan su comida con el aceite de
las lámparas.[6]

LAVANDERA 3ª ¿Y están ya en la casa?

LAVANDERA 4ª Desde ayer. El marido sale otra vez a sus tierras.

LAVANDERA 1ª Pero ¿se puede saber lo que ha ocurrido?

LAVANDERA 5ª Anteanoche, ella la pasó sentada en el tranco, a
pesar del frío.[7]

LAVANDERA 1ª Pero, ¿por qué?

LAVANDERA 4ª 'Le cuesta trabajo° estar en su casa.   it pains her

---

4 **Pero es...** *but nobody ever really knows anything*

5 **El marido...** *the husband has brought his two sisters to live with them*

6 **Porque dan...***because they are frightening. They are like those big leaves that quickly spring up over graves. They are smeared with wax. They grow inwards. I imagine that they cook their food with lamp oil*

7 **Anteanoche, ella...** *she spent the night before last sitting on the doorstep, despite the cold*

LAVANDERA 5ª Estas machorras° son así: cuando podían estar   manly women
                 haciendo encajes o confituras° de manzanas, les   preserves
                 gusta subirse al tejado y 'andar descalzas° por   wade barefoot
                 esos ríos.

LAVANDERA 1ª ¿Quién eres tú para decir estas cosas? Ella no tie-
                 ne hijos, pero 'no es por culpa suya.°   it's not her fault

LAVANDERA 4ª Tiene hijos la que quiere tenerlos. Es que las re-
                 galonas, las flojas, las endulzadas no son a propó-
                 sito para llevar el vientre arrugado.[8]

                 Ríen.

LAVANDERA 3ª Y se echan polvos de blancura y colorete y se
                 prenden ramos de adelfa en busca de otro que no
                 es su marido.[9]

LAVANDERA 5ª ¡No hay otra verdad!

LAVANDERA 1ª Pero ¿vosotras la habéis visto con otro?

LAVANDERA 4ª Nosotras no, pero las gentes sí.

LAVANDERA 1ª: ¡Siempre las gentes!

LAVANDERA 5ª Dicen que en dos ocasiones.[10]

LAVANDERA 2ª ¿Y qué hacían?

LAVANDERA 4ª Hablaban.

LAVANDERA 1ª Hablar no es pecado.°   sin

---

  8 **Tiene hijos...** *she who wants to have children has them. Spoiled, lazy, and soft women are unfit to have a wrinkled belly*

  9 **Y se...** *and they wear face-powder and rouge and pin on sprigs of oleander in search of another man who is not their husband*

  10 **Dicen que...** *on two separate occasions, they say*

LAVANDERA 4ª Hay una cosa en el mundo que es la mirada.°   gaze
Mi madre lo decía. No es lo mismo una mujer
mirando unas rosas que una mujer mirando los
muslos° de un hombre. Ella lo mira.   thighs

LAVANDERA 1ª ¿Pero a quién?

LAVANDERA 4ª A uno. ¿Lo oyes? Entérate tú.° ¿Quieres que lo   find out for yourself
diga más alto? (*Risas.*) Y cuando no lo mira, por-
que está sola, porque no lo tiene delante, lo lleva
retratado en los ojos.[11]

LAVANDERA 1ª ¡Eso es mentira!

Algazara.°   commotion

LAVANDERA 5ª ¿Y el marido?

LAVANDERA 3ª El marido está como sordo.° Parado, como un   deaf
lagarto puesto al sol.[12]

Ríen.

LAVANDERA 1ª Todo esto se arreglaría si tuvieran criaturas.[13]

LAVANDERA 2ª Todo esto son cuestiones de gente que no tiene
conformidad con su sino.[14]

LAVANDERA 4ª Cada hora que transcurre aumenta el infierno en
aquella casa. Ella y las cuñadas, sin despegar los
labios, blanquean todo el día las paredes, friegan
los cobres, limpian con vaho los cristales, dan
aceite a la solería. Pues, cuanto más relumbra la

---

11   **Lo lleva...** *she carries his image in her eyes*
12   **Parado como...** *motionless, like a lizard in the sun*
13   **Todo esto...** *all of this would sort itself out if they had children*
14   **Que no...** *that aren't content with their lot*

vivienda más arde por dentro.[15]

LAVANDERA 1ª Él tiene la culpa, él. Cuando un padre no da hijos debe cuidar de su mujer.

LAVANDERA 4ª La culpa es de ella, que tiene por lengua un pedernal.°   stony flint

LAVANDERA 1ª ¿Qué demonio se te ha metido entre los cabellos para que hables así?[16]

LAVANDERA 4ª ¿Y quién ha dado licencia a tu boca para que me des consejos?°   advice

LAVANDERA 5ª ¡Callar!

Risas.

LAVANDERA 1ª Con una aguja de hacer calceta, ensartaría yo las lenguas murmuradoras.[17]

LAVANDERA 5ª ¡Calla!

LAVANDERA 4ª Y yo la tapa del pecho de las fingidas.[18]

LAVANDERA 5ª Silencio. ¿No ves que por ahí vienen las cuñadas?

Murmullos. Entran las dos Cuñadas de Yerma.
Van vestidas 'de luto.° Se ponen a lavar en medio   in mourning
de un silencio. Se oyen esquilas.°   bells

---

15   **Cada hora...** *each hour that goes by increases the hell in that house. She and her sister-in-laws, without saying a word, whitewash the walls all day, polish the copper, clean the windows with their breath, and oil the floors. But, the more the house gleams, the more it fumes from within*

16   **¿Qué demonio...** *what the devil has gotten into your hair to make you talk like that*

17   **Con una...** *I'd like to pierce all gossipy tongues with a knitting needle*

18   **Y yo...** *and I the nipples of all hypocrites*

Lavandera 1ª ¿Se van ya los zagales?°   shepherds

Lavandera 3ª Sí, ahora salen todos los rebaños.°   flocks

5 Lavandera 4ª (*Aspirando.*°) Me gusta el olor de las ovejas.   inhaling

Lavandera 3ª ¿Sí?

Lavandera 4ª ¿Y por qué no? Olor de lo que una tiene.[19] Como
10   me gusta el olor del fango° rojo que trae el río   mud
              por el invierno.

Lavandera 3ª Caprichos.°   whims

15 Lavandera 5ª (*Mirando.*) Van juntos todos los rebaños.

Lavandera 4ª Es una inundación de lana. Arramblan con todo.
              Si los trigos verdes tuvieran cabeza, temblarían
              de verlos venir.[20]
20
Lavandera 3ª ¡Mira cómo corren! ¡Qué manada° de enemigos!   herd

Lavandera 1ª Ya salieron todos, 'no falta uno.°   not one is missing

25 Lavandera 4ª A ver... No... sí, sí, falta uno.

Lavandera 5ª ¿Cuál...?

Lavandera 4ª El de Víctor.
30
              Las dos Cuñadas 'se yerguen° y miran.   sraighten up
              Cantando 'entre dientes.°   quietly

              En el arroyo frío
35   lavo tu cinta.

---

19 **Olor de...** *it is a very familiar smell*
20 **Es una...** *it is a flood of wool. They uproot everything. If the green wheat had eyes, it would tremble to see them coming*

Como un jazmín caliente
tienes la risa.

Quiero vivir
en la nevada chica°   tiny snowfall
de ese jazmín.

LAVANDERA 1ª ¡Ay de la casada seca!
¡Ay de la que tiene los 'pechos de arena!°   breasts of sand

LAVANDERA 5ª Dime si tu marido
'guarda semilla°   keeps seed
para que el agua
cante por tu camisa.

LAVANDERA 4ª Es tu camisa
nave° de plata y viento   ship
por las orillas.°   shore

LAVANDERA 3ª Las ropas de mi niño
vengo a lavar,
para que tome al agua
lecciones de cristal.

LAVANDERA 2ª Por el monte ya llega
mi marido a comer.
Él me trae una rosa
y yo le doy tres.

LAVANDERA 5ª Por el llano° ya vino   meadow
mi marido a cenar.
Las brasas° que me entrega°   embers, gives me
cubro con arrayán.°   myrtle

LAVANDERA 4ª Por el aire ya viene
mi marido a dormir.
Yo alhelíes° rojos   wallflowers
y él rojo alhelí.

LAVANDERA 3ª Hay que juntar flor con flor cuando el verano
           seca la sangre al segador.²¹

LAVANDERA 4ª Y abrir el vientre a pájaros sin sueño cuando a la
5   puerta llama tembloroso el invierno.²²

LAVANDERA 1ª Hay que gemir° en la sábana.°   *to moan, bedsheets*

LAVANDERA 4ª ¡Y hay que cantar!

10 LAVANDERA 5ª Cuando el hombre nos trae la corona° y el pan.   *wreath*

LAVANDERA 4ª Porque los brazos se enlazan.°   *intertwine*

15 LAVANDERA 5ª Porque la luz 'se nos quiebra en la garganta.°   *stabs at our throats*

LAVANDERA 4ª Porque se endulza° el tallo° de las ramas.   *sweetens, stalk*

LAVANDERA 5ª Y las tiendas° del viento cubren a las montañas.   *tents*

20 LAVANDERA 6ª (*Apareciendo en lo alto del torrente.*)
        Para que un niño funda°   *weld*
        'yertos vidrios del alba.°   *rigid shards of dawn*

25 LAVANDERA 4ª Y nuestro cuerpo tiene ramas furiosas de coral.

LAVANDERA 5ª Para que haya remeros° en las aguas del mar.   *rowers*

LAVANDERA 1ª Un niño pequeño, un niño.

30 LAVANDERA 2ª Y las palomas° abren las alas° y el pico.°   *doves, wings, beaks*

LAVANDERA 3ª Un niño que gime, un hijo.

---

21 **Hay que...** *flower to flower must be joined when the summer dries out
the blood of the harvester*
22 **Y abrir...** *and open the wombs to sleepless birds when the trembling
winter comes calling*

LAVANDERA 4ª Y los hombres avanzan
　　　　　　como 'ciervos heridos.°　　　　　　　　　　wounded stags

LAVANDERA 5ª ¡Alegría, alegría, alegría
　　　　　　del vientre redondo° bajo la camisa!　　　　round

LAVANDERA 2ª ¡Alegría, alegría, alegría,
　　　　　　ombligo, cáliz tierno de maravilla!²³

LAVANDERA 1ª ¡Pero, ay de la casada seca!
　　　　　　¡Ay de la que tiene los pechos de arena!

LAVANDERA 4ª ¡Que relumbre!

LAVANDERA 5ª ¡Que corra!

LAVANDERA 4ª ¡Que vuelva a relumbrar!

LAVANDERA 3ª ¡Que cante!

LAVANDERA 2ª ¡Que 'se esconda!°　　　　　　　　　　hide

LAVANDERA 3ª Y que vuelva a cantar.

LAVANDERA 6ª La aurora° que mi niño　　　　　　　　dawn
　　　　　　lleva en el delantal.°　　　　　　　　　　pinafore

LAVANDERA 4ª (*Cantan todas a coro.*)
　　　　　　En el arroyo frío lavo tu cinta.
　　　　　　Como un jazmín caliente
　　　　　　tienes la risa.
　　　　　　¡Ja, ja, ja!

　　　　　Mueven los paños° con ritmo y 'los golpean.°　　cloths, beat them

TELÓN

---

23 **Ombligo, cáliz...** *navel, tender chalice of wonder*

CUADRO SEGUNDO

Casa de Yerma. Atardecer.° Juan está sentado.   dusk
Las dos Hermanas, de pie.

JUAN ¿Dices que salió hace poco? (*La Hermana mayor contesta con la cabeza.*) Debe de estar en la fuente.° Pero ya sabéis que no me gusta que   spring
salga sola. (*Pausa.*) Puedes poner la mesa. (*Sale la Hermana menor.*) Bien ganado° tengo el pan   earned
que como. (*A su Hermana.*) Ayer pasé un día duro. Estuve podando° los manzanos° y a la caí-   pruning, apple tree
da de la tarde me puse a pensar para qué pondría yo tanta ilusión en la faena si no puedo llevarme una manzana a la boca. Estoy harto.° (*Se pasa la*   tired
mano por la cara. Pausa.) Ésa no viene... Una de vosotras debía salir con ella, porque para eso estáis aquí comiendo en mi mantel° y bebiendo   table
mi vino. Mi vida está en el campo, pero mi honra está aquí. Y mi honra es también la vuestra. (*La Hermana inclina la cabeza.*) No lo tomes a mal.²⁴
(*Entra Yerma con dos cántaros.°*) 'Queda parada°   pitchers, she halts
en la puerta.*) ¿Vienes de la fuente?

YERMA Para tener agua fresca en la comida. (*Sale la otra Hermana.*) ¿Cómo están las tierras?

JUAN Ayer estuve podando los árboles.

Yerma deja° los cántaros. Pausa.   puts down

YERMA ¿Te quedarás?

---

24 **No lo...** *don't take it the wrong way*

JUAN	He de cuidar el ganado.° Tú sabes que esto 'es cosa del dueño.°	flock it's the owner's duty
YERMA	Lo sé muy bien. No lo repitas.	
JUAN	Cada hombre tiene su vida.	
YERMA	Y cada mujer la suya. No te pido yo que te quedes. Aquí tengo todo lo que necesito. Tus hermanas 'me guardan bien.° Pan tierno y requesón y cordero asado como yo aquí, y pasto lleno de rocío tus ganados en el monte.²⁵ Creo que puedes vivir en paz.	look after me well
JUAN	Para vivir en paz se necesita estar tranquilo.°	contented
YERMA	¿Y tú no estás?	
JUAN	No lo estoy.	
YERMA	'Desvía la intención.°	mind what you say
JUAN	¿Es que no conoces mi modo de ser? Las ovejas en el redil° y las mujeres en su casa. Tú sales demasiado. ¿No me has oído decir esto siempre?	pen
YERMA	Justo.° Las mujeres dentro de sus casas. Cuando las casas no son tumbas. Cuando las sillas se rompen y las 'sábanas de hilo se gastan° con el uso. Pero aquí no. Cada noche, cuando me acuesto, encuentro mi cama más nueva, más reluciente,° como si estuviera recién traída de la ciudad.	that's right linen sheets wear out shiny
JUAN	Tú misma reconoces que llevo razón al quejarme. ¡Que tengo motivos para estar alerta!²⁶	

---

25 **Pan tierno...** *here I eat soft bread, fresh cheese and roast lamb, and in the hills your livestock eats grass full of dew*

26 **Tú misma...** *You yourself realize that I've a right to complain. That I*

YERMA   Alerta ¿de qué? En nada te ofendo. Vivo sumi-
sa° a ti, y lo que sufro lo guardo pegado a mis   obedient
carnes.²⁷ Y cada día que pase será peor. Vamos a
callarnos. Yo sabré 'llevar mi cruz° como mejor   bear my cross
pueda, pero no me preguntes nada. Si pudiera de
pronto 'volverme vieja° y tuviera la boca como   become an old woman
una flor machacada,° te podría sonreír y conlle-   withered
var° la vida contigo. Ahora, ahora, déjame con   share
mis clavos.²⁸

JUAN   Hablas de una manera que yo no te entiendo. No
te privo° de nada. Mando a los pueblos vecinos   deprive
por las cosas que te gustan.²⁹ Yo tengo mis de-
fectos, pero quiero tener paz y sosiego° contigo.   tranquility
Quiero dormir fuera y pensar que tú duermes
también.

YERMA   Pero yo no duermo, yo no puedo dormir.

JUAN   ¿Es que te 'falta algo?° Dime. ¡Contesta!   lacking something

YERMA   (*Con intención y mirando fijamente al marido.*)
Sí, me falta.

Pausa.

JUAN   Siempre lo mismo. Hace ya más de cinco años.³⁰
Yo casi lo estoy olvidando.

YERMA   Pero yo no soy tú. Los hombres tienen otra vida,
los ganados, los árboles, las conversaciones; las
mujeres no tenemos más que ésta de la cría° y el   children
cuido de la cría.

---

have reasons to be on alert
    27 **Lo que…** *I keep my suffering close to my flesh*
    28 **Déjame con…** *leave me alone with my thorns*
    29 **Mando a…** *I get the things that you like from neighboring towns*
    30 **Hace ya…** *it has been more than five years now*

JUAN	Todo el mundo no es igual. ¿Por qué no te traes un hijo de tu hermano? Yo no me opongo.

YERMA No quiero cuidar hijos de otros. Me figuro que se me van a helar° los brazos de tenerlos.   freeze

JUAN Con este achaque vives alocada, sin pensar en lo que debías, y te empeñas en meter la cabeza por una roca.[31]

YERMA Roca que es una infamia° que sea roca, porque   disgrace
debía ser un canasto° de flores y agua dulce.   basket

JUAN Estando a tu lado no se siente más que inquie-
tud,° desasosiego.° En último caso, debes resig-   restlessness, unease
narte.[32]

YERMA Yo he venido a estas cuatro paredes para no re-
signarme. Cuando tenga la cabeza atada° con un   bound
pañuelo° para que no se me abra la boca, y las   cloth
manos bien amarradas° dentro del ataúd,° en esa   tied up, coffin
hora me habré resignado.

JUAN Entonces, ¿qué quieres hacer?

YERMA Quiero beber agua y no hay vaso ni agua; quiero
subir al monte y no tengo pies; quiero bordar°   embroider
mis enaguas° y no encuentro los hilos.   underskirts

JUAN Lo que pasa es que no eres una mujer verdadera y
buscas la ruina de un hombre 'sin voluntad.°   against his will

YERMA Yo no sé quién soy. Déjame andar y desahogar-
me.° En nada te he faltado.[33]   let off steam

---

31 **Con este...** *this ailment is driving you mad, distracting you from what you should be thinking about, yet you insist on driving your head against a rock*
32 **En ultimo...** *if it comes down to it, you should resign yourself*
33 **En nada...** *in no way have I failed you*

JUAN   No me gusta que la gente me señale.° Por eso   point me out
quiero ver cerrada esa puerta y cada persona en
su casa.

5   *Sale la Hermana primera lentamente y se acerca a*
una alacena.°   cupboard

YERMA   Hablar con la gente no es pecado.

10 JUAN   Pero puede parecerlo. (*Sale la otra Hermana y se*
dirige a los cántaros, en los cuales llena una jarra.)

JUAN   (*Bajando la voz.*) Yo no tengo fuerzas para estas cosas. Cuando te den conversación, cierra la
15   boca y piensa que eres una mujer casada.

YERMA   (*Con asombro.°*) ¡Casada!   astonishment

JUAN   Y que las familias tienen honra y la honra es una
20   carga que se lleva entre dos.[34] (*Sale la Hermana*
con la jarra, lentamente.) Pero que está oscura y
débil en los mismos caños° de la sangre. (*Sale*   channels
la otra Hermana con una fuente,° de modo casi   platter
procesional. Pausa.) Perdóname. (*Yerma mira a*
25   *su marido; éste levanta la cabeza y se tropieza con*
la mirada.) Aunque me miras de un modo que
no debía decirte perdóname, sino obligarte, en-
cerrarte,° porque para eso soy el marido.   lock you up

30   *Aparecen las dos Hermanas en la puerta.*

YERMA   Te ruego° que no hables. 'Deja quieta la cues-   I beg you, let the mat-
tión.°   ter rest

35   *Pausa.*

JUAN   Vamos a comer. (*Entran las Hermanas. Pausa.*)

---

34 **La honra**... *honor is a responsibility that we both must bear*

¿Me has oído?

YERMA (*Dulce.*) Come tú con tus hermanas. Yo no tengo
hambre todavía.

JUAN 'Lo que quieras.° (*Entra.*)   as you wish

YERMA (*Como soñando.*) ¡Ay, qué 'prado de pena!°   meadow of sorrow
¡Ay, qué puerta cerrada a la hermosura,
que pido un hijo que sufrir y el aire
me ofrece dalias de dormida luna!
Estos dos manantiales° que yo tengo   springs
de leche tibia, son en la espesura°   thick
de mi carne, dos 'pulsos de caballo,°   hoof beats
que hacen latir° la rama de mi angustia.   throb
¡Ay, pechos ciegos° bajo mi vestido!   blind
¡Ay, palomas sin ojos ni blancura!
¡Ay, qué dolor de sangre prisionera
me está clavando avispas en la nuca!³⁵
Pero tú 'has de venir,° ¡amor!, mi niño,   must come
porque el agua da sal, la tierra fruta,
y nuestro vientre guarda tiernos hijos
como la nube lleva dulce lluvia.

Mira hacia la puerta.

¡María! ¿Por qué pasas tan de prisa por mi puerta?

MARÍA (*Entra con un niño en brazos.*) Cuando voy con el
niño lo hago... ¡Como siempre lloras!...

YERMA Tienes razón. (*Coge al Niño y se sienta.*)

MARÍA Me da tristeza que tengas envidia.

YERMA No es envidia lo que tengo; es pobreza.°   deprivation

---

35 **Me está...** *is stinging the back of my neck like wasps*

| MARÍA | No te quejes. |

| YERMA | ¡Cómo no me voy a quejar cuando te veo a ti y a otras mujeres llenas por dentro de flores,[36] y viéndome yo inútil en medio de tanta hermosura! |

| MARÍA | Pero tienes otras cosas. Si me oyeras, podrías ser feliz. |

| YERMA | La mujer del campo que no da hijos es inútil como un 'manojo de espinos,° y hasta mala, a pesar de que yo sea de este 'desecho dejado° de la mano de Dios. (*María hace un gesto para tomar al Niño.*) |

                                                  handful of thorns
  abandoned wasteland

| YERMA | Tómalo, contigo está más a gusto. Yo no debo tener manos de madre. |

| MARÍA | ¿Por qué me dices eso? |

| YERMA | (*Se levanta.*) Porque estoy harta, porque estoy harta de tenerlas y no poderlas usar en 'cosa propia.° Que estoy ofendida, 'ofendida y rebajada° hasta lo último, viendo que los trigos apuntan,° que las fuentes no cesan° de dar agua, y que paren las ovejas cientos de corderos, y las perras, y que parece que todo el campo puesto de pie me enseña° sus crías tiernas, adormiladas,° mientras yo siento dos 'golpes de martillo° aquí, en lugar de la boca de mi niño. |

for my own purposes,
hurt and humiliated;
ripen; cease

shows me, sleeping
hammer blows

| MARÍA | No me gusta lo que dices. |

| YERMA | Las mujeres, cuando tenéis hijos, no podéis pensar en las que no los tenemos. Os quedáis frescas, ignorantes, como el que nada en agua dulce y no |

---

36 **Llenas por...** *filled with flowers from within*

tiene idea de la sed.

MARÍA	No te quiero decir lo que te digo siempre.
YERMA	Cada vez tengo más deseos y menos esperanzas.
MARÍA	Mala cosa.
YERMA	Acabaré creyendo que yo misma soy mi hijo. Muchas noches bajo yo a 'echar la comida a los bueyes,° que antes no lo hacía, porque ninguna mujer lo hace, y cuando paso por lo oscuro del cobertizo mis pasos me suenan a pasos de hombre.[37]

° to feed the oxen

MARÍA	Cada criatura tiene su razón.[38]
YERMA	A pesar de todo, sigue queriéndome. ¡Ya ves cómo vivo!
MARÍA	¿Y tus cuñadas?
YERMA	Muerta me vea y sin mortaja, si alguna vez les dirijo la conversación.[39]
MARÍA	¿Y tu marido?
YERMA	Son tres contra mí.
MARÍA	¿Qué piensan?
YERMA	Figuraciones.° De gente que no tiene la conciencia tranquila. Creen que me puede gustar otro

° fantasies

---

37 **Y cuando...** *and when I pass through the darkness of the shed my footsteps sound like those of a man*

38 **Cada criatura...** *everyone has their own way*

39 **Muerta me...** *you'll see me dead and shroudless before I ever speak to them*

hombre y no saben que, aunque me gustara, lo primero de mi casta es la honradez.° Son piedras delante de mí. Pero ellos no saben que yo, si quiero, puedo ser agua de arroyo que las lleve.⁴⁰ — integrity

Una hermana entra y sale llevando un pan.

MARÍA   De todas maneras, creo que tu marido te sigue queriendo.

YERMA   Mi marido me da pan y casa.

MARÍA   ¡Qué trabajos° estás pasando, qué trabajos! Pero acuérdate de las llagas° de Nuestro Señor. (*Están en la puerta.*) — hardships / wounds

YERMA   (*Mirando al niño.*) Ya ha despertado.

MARÍA   Dentro de poco empezará a cantar.

YERMA   Los mismos ojos que tú, ¿lo sabías? ¿Los has visto? (*Llorando.*) ¡Tiene los mismos ojos que tienes tú! (*Yerma empuja suavemente a María y ésta sale silenciosa. Yerma se dirige a la puerta por donde entró su Marido.*)

MUCHACHA 2ª ¡Chisss!

YERMA   (*Volviéndose.*) ¿Qué?

MUCHACHA 2ª Esperé a que saliera. Mi madre 'te está aguardando.° — waiting for you

YERMA   ¿Está sola?

MUCHACHA 2ª Con dos vecinas.

---

40 **Puedo ser...** *I can be stream water that can carry them away*

YERMA	Dile que espere un poco.
MUCHACHA 2ª	¿Pero vas a ir? ¿No te da miedo?
YERMA	Voy a ir.
MUCHACHA 2ª	¡'Allá tú!° *that's up to you*
YERMA	¡Que me esperen aunque sea tarde! (*Entra Víctor.*)
VÍCTOR	¿Está Juan?
YERMA	Sí.
MUCHACHA 2ª	(*Cómplice.°*) Entonces yo traeré la blusa. *conspiratorial*
YERMA	Cuando quieras. (*Sale la Muchacha.*) Siéntate.
VÍCTOR	Estoy bien así.
YERMA	(*Llamando.*) ¡Juan!
VÍCTOR	Vengo a despedirme.° *to say goodbye*
YERMA	('*Se estremece° ligeramente, pero 'vuelve a su serenidad.°*) ¿Te vas con tus hermanos? *shudders / regains her composure*
VÍCTOR	Así lo quiere mi padre.
YERMA	Ya debe estar viejo.
VÍCTOR	Sí, muy viejo. (*Pausa.*)
YERMA	Haces bien de 'cambiar de campos.° *seek out new pastures*
VÍCTOR	Todos los campos son iguales.

YERMA	No. Yo me iría muy lejos.
VÍCTOR	Es todo lo mismo. Las mismas ovejas tienen la misma lana.
YERMA	Para los hombres, sí; pero las mujeres somos otra cosa. Nunca oí decir a un hombre comiendo: «¡Qué buenas son estas manzanas!». Vais a lo vuestro sin 'reparar en las delicadezas.° De mí sé decir que 'he aborrecido° el agua de estos pozos.°
VÍCTOR	Puede ser. (*La escena está en una suave penumbra.°*)
YERMA	Víctor.
VÍCTOR	Dime.
YERMA	¿Por qué te vas? Aquí las gentes te quieren.
VÍCTOR	Yo me porté bien.
	Pausa.
YERMA	Te portaste bien. Siendo zagalón 'me llevaste una vez en brazos;° ¿no recuerdas? Nunca se sabe lo que va a pasar.
VÍCTOR	Todo cambia.
YERMA	Algunas cosas no cambian. Hay cosas encerradas detrás de los muros° que no pueden cambiar porque nadie las oye.
VÍCTOR	Así es.

Aparece la Hermana segunda y se dirige lentamente hacia la puerta, donde queda fija, ilumina-

Margin glosses: noticing the details; I have grown to hate, wells; shadow; took me in your arms; walls

da por la última luz de la tarde.

YERMA   Pero que si salieran de pronto y gritaran, llena-
 rían el mundo.[41]

VÍCTOR   No se adelantaría nada. La acequia por su sitio, el
rebaño en el redil, la luna en el cielo y el hombre
con su arado.[42]

YERMA   ¡Qué pena más grande no poder sentir las ense-
ñanzas de los viejos!°   elders

*Se oye el sonido largo y melancólico de las caraco-
las° de los pastores.*   horns

VÍCTOR   Los rebaños.

JUAN   (*Sale.*) ¿Vas ya de camino?

VÍCTOR   Quiero pasar el puerto antes del amanecer.[43]

JUAN   ¿Llevas alguna queja de mí?

VÍCTOR   No. 'Fuiste buen pagador.°   you paid me well

JUAN   (*A Yerma.*) Le compré los rebaños.

YERMA   ¿Sí?

VÍCTOR   (*A Yerma.*) Tuyos son.

YERMA   No lo sabía.

---

41 **Pero que...** *but if they should suddenly appear and cry out, they would
fill up the world*

42 **No se...** *nothing would be gained. The ditch in its place, the flock in the
pen, the moon in the sky and man with his plow*

43 **Quiero pasar...** *I want to get through the mountain pass before
daybreak*

JUAN   (*Satisfecho.*) Así es.

VÍCTOR   Tu marido ha de ver su hacienda colmada.[44]

5 YERMA   El fruto° viene a las manos del trabajador que lo   profit
busca.

        La Hermana que está en la puerta entra dentro.

10 JUAN   Ya no tenemos sitio donde meter tantas ovejas.

YERMA   (*Sombría.*) La tierra es grande.

        Pausa.

15
JUAN   Iremos juntos hasta el arroyo.

VÍCTOR   Deseo la mayor felicidad para esta casa. (*Le da
la mano a Yerma.*)

20
YERMA   ¡Dios te oiga! ¡Salud!

        Víctor 'le da salida° y, a un movimiento imper-   takes leave of her
        ceptible de Yerma, se vuelve.

25
VÍCTOR   ¿Decías algo?

YERMA   (*Dramática.*) Salud, dije.

30 VÍCTOR   Gracias.

        *Salen. Yerma queda angustiada mirándose la
        mano que ha dado a Víctor. Yerma se dirige rápi-
        damente hacia la izquierda y toma un mantón.*

35
MUCHACHA 2ª Vamos. (*En silencio, tapándole° la cabeza.*)   covering

---

44 **Tu marido...** *your husband likes to see his possessions increase*

YERMA   Vamos.

Salen sigilosamente.° La escena está casi a oscu-   stealthily
ras. Sale la Hermana primera con un velón° que   large candle
no debe dar al teatro luz ninguna sino la natural
que lleva. Se dirige al fin de la escena, buscando a
Yerma. Suenan las caracolas de los rebaños.

CUÑADA1ª   (*En voz baja.*) ¡Yerma!

Sale la Hermana segunda. Se miran las dos y se
dirigen hacia la puerta.

CUÑADA2ª   (*Más alto.*) ¡Yerma!

CUÑADA1ª   (*Dirigiéndose a la puerta y con una carrasposa°*   rough
voz.) ¡Yerma!

Sale. Se oyen las caracolas y los cuernos de los pas-
tores. La escena está oscurísima.

TELÓN

Acto tercero

CUADRO PRIMERO

Casa de la Dolores la conjuradora. Está amaneciendo.° Entra Yerma con Dolores y dos Viejas.   dawning

DOLORES	Has estado valiente.° brave
VIEJA 1ª	No hay en el mundo fuerza como la del deseo.
VIEJA 2ª	Pero el cementerio estaba demasiado oscuro.
DOLORES	Muchas veces yo he hecho estas oraciones° en el cementerio con mujeres que 'ansiaban críos° y todas han pasado miedo. Todas menos tú. prayers / yearned for children
YERMA	Yo he venido por el resultado. Creo que no eres mujer engañadora.° deceitful
DOLORES	No soy. Que mi lengua se llene de hormigas,[1] como está la boca de los muertos, si alguna vez he mentido.° La última vez hice la oración con una mujer mendicante,° que estaba seca más tiempo que tú, y se le endulzó el vientre de manera tan hermosa que tuvo dos criaturas° ahí abajo, en el río, porque no le daba tiempo a llegar a las casas, y ella misma las trajo en un pañal° para que yo 'las arreglase.° lied / beggar / babies / cloth / attend to them
YERMA	¿Y pudo venir andando desde el río?

---

1 **Que mi...** *may my tongue be covered with ants*

185

DOLORES   Vino. Con los zapatos y las enaguas empapados°   drenched
de sangre... pero con la cara reluciente.°   beaming

YERMA   ¿Y no le pasó nada?

DOLORES   ¿Qué le iba a pasar? Dios es Dios.

YERMA   Naturalmente. No le podía pasar nada. Sino
agarrar° las criaturas y lavarlas con agua viva.   pick up
Los animales los lamen,° ¿verdad? A mí no me   lick
da asco de mi hijo.[2] Yo tengo la idea de que las
'recién paridas° están como iluminadas por den-   new mothers
tro y los niños se duermen horas y horas sobre
ellas oyendo ese arroyo de leche tibia que les va
llenando los pechos para que ellos mamen, para
que ellos jueguen, hasta que no quieran más, hasta que retiren° la cabeza—«otro poquito más,   draw back
niño... »—, y se les llene la cara y el pecho de
'gotas blancas.°   white droplets

DOLORES   Ahora tendrás un hijo. Te lo puedo asegurar.°   assure

YERMA   Lo tendré porque lo tengo que tener. O no entiendo el mundo. A veces, cuando ya estoy segura
de que jamás, jamás... me sube como una oleada
de fuego por los pies y se me quedan vacías todas
las cosas,[3] y los hombres que andan por la calle y
los toros y las piedras me parecen como cosas de
algodón.° Y me pregunto: ¿para qué estarán ahí   cotton
puestos?[4]

VIEJA 1ª   Está bien que una casada quiera hijos, pero si
no los tiene, ¿por qué esa ansia de ellos? Lo im-
portante de este mundo es dejarse llevar por los

---

2 **A mí...** *my own child would not disgust me*
3 **Me sube...** *a wave of fire comes up from my feet, and everything becomes*
meaningless
4 **Y me...** *and I wonder: why are they here*

años.⁵ No te critico. Ya has visto cómo he ayuda-
do a los rezos.° Pero, ¿qué vega° esperas dar a tu   prayers, land
hijo, ni qué felicidad, ni qué silla de plata?

5   YERMA   Yo no pienso en el mañana; pienso en el hoy. Tú
estás vieja y lo ves ya todo como un libro leído.
Yo pienso que tengo sed y no tengo libertad. Yo
quiero tener a mi hijo en los brazos para dormir
tranquila, y óyelo bien y no 'te espantes° de lo   be startled
10   que te digo, aunque yo supiera que mi hijo me
iba a martirizar° después y me iba a odiar° y me   torment, hate
iba a llevar de los cabellos por las calles,⁶ recibiría
con gozo° su nacimiento,° porque es mucho me-   joy, birth
jor llorar por un hombre vivo que nos apuñala,°   stabs
15   que llorar por este fantasma° sentado año tras   ghost
año encima de mi corazón.

VIEJA 1ª   Eres demasiado joven para oír consejo. Pero
mientras esperas la gracia de Dios debes ampa-
20   rarte° en el amor de tu marido.   take refuge

YERMA   ¡Ay! Has puesto el dedo en la llaga 'más honda°   deepest
que tienen mis carnes.

25   DOLORES   Tu marido es bueno.

YERMA   (*Se levanta.*) ¡Es bueno! ¡Es bueno! ¿Y qué?
'Ojalá fuera malo.° Pero no. Él va con sus ovejas   I wish he were bad
por sus caminos y cuenta el dinero por las no-
30   ches. Cuando me cubre, 'cumple con su deber,°   fulfills his duty
pero yo le noto° la cintura° fría como si tuviera el   feel, waist
cuerpo muerto, y yo, que siempre he tenido asco
de las mujeres calientes, quisiera ser en aquel instante como una montaña de fuego.⁷

---

    5   **Lo importante...** *the important thing in life is to let the years carry you*
along
    6   **Llevar de...** *drag me through the streets by the hair*
    7   **Y yo...** *and then I, who have always been disgusted by sensual women,*

DOLORES	¡Yerma!
YERMA	No soy una casada indecente; pero yo sé que los hijos nacen del hombre y de la mujer. ¡Ay, si los pudiera tener yo sola!
DOLORES	Piensa que tu marido también sufre.
YERMA	No sufre. Lo que pasa es que él no ansía hijos.
VIEJA 1ª	¡No digas eso!
YERMA	Se lo conozco en la mirada y, como no los ansía, no me los da. No lo quiero, no lo quiero y, sin embargo, es mi única salvación. Por honra y por casta. Mi única salvación.
VIEJA 1ª	(*Con miedo.*) Pronto empezará a amanecer. Debes ir a tu casa.
DOLORES	Antes de nada saldrán los rebaños y no conviene que te vean sola.[8]
YERMA	Necesitaba este desahogo.° ¿Cuántas veces repito las oraciones?
DOLORES	La oración del laurel dos veces, y al mediodía la oración de Santa Ana. Cuando te sientas encinta° me traes la 'fanega de trigo° que me has prometido.
VIEJA 1ª	Por encima de los montes ya empieza a clarear.° Vete.
DOLORES	Como en seguida empezarán a abrir los portones,° te vas dando un rodeo° por la acequia.

relief

with child, 1.6 bushels of wheat

get brighter

gates, detour

---

long to be like a mountain of fire

8 **No conviene...** *you shouldn't be seen alone*

YERMA	(*Con desaliento.*°) ¡No sé por qué he venido!	discouraged
DOLORES	¿'Te arrepientes?°	do you regret it
YERMA	¡No!	
DOLORES	(*Turbada.*°) Si tienes miedo, 'te acompañaré° hasta la esquina.	disturbed, accompany you
VIEJA 1ª	(*Con inquietud.*) Van a ser las 'claras del día° cuando llegues a tu puerta.	daybreak

Se oyen voces.

DOLORES	¡Calla! (*Escuchan.*)
VIEJA 1ª	No es nadie. Anda con Dios.

Yerma se dirige a la puerta y en este momento lla-man a ella. Las tres mujeres quedan paradas.

DOLORES	¿Quién es?
VOZ	Soy yo.
YERMA	Abre. (*Dolores duda.*) ¿Abres o no?

Se oyen murmullos. Aparece Juan con las dos Cuñadas.

CUÑADA2ª	Aquí está.
YERMA	¡Aquí estoy!
JUAN	¿Qué haces en este sitio? Si pudiera dar voces, le-vantaría a todo el pueblo, para que viera dónde iba la honra de mi casa; pero he de ahogarlo todo

y callarme porque eres mi mujer.⁹

YERMA   Si pudiera dar voces, también las daría yo, para
que se levantaran hasta los muertos y vieran esta
limpieza que me cubre.¹⁰

JUAN   ¡No, eso no! Todo lo aguanto menos eso.¹¹ Me
engañas,° me envuelves° y como soy un hombre   deceive, entrap
que trabaja la tierra no tengo ideas para tus astucias.°   tricks

DOLORES   ¡Juan!

JUAN   ¡Vosotras, 'ni palabra!°   not a word

DOLORES   (*Fuerte.*) Tu mujer no ha hecho nada malo.

JUAN   Lo está haciendo desde el mismo día de la boda.
Mirándome con dos agujas, pasando las 'noches
en vela° con los ojos abiertos al lado mío y lle-   wakeful nights
nando de malos suspiros° mis almohadas.   sighs

YERMA   ¡Cállate!

JUAN   Y yo no puedo más. Porque se necesita ser de
bronce para ver a tu lado una mujer que te quiere meter los dedos dentro del corazón y que se
sale de noche fuera de su casa, ¿en busca de qué?
¡Dime!, ¿buscando qué? Las calles están llenas
de machos.° En las calles no hay flores que cor-   men
tar.¹²

---

9 **Si pudiera...** *if I could, I would shout and wake up the entire town, so
that they could see where the honor of my house has gone; but, I have to stifle
everything and stay quiet because you are my wife*

10 **Para que...** *so that even the dead would arise and see the innocence
around me*

11 **Todo lo...** *I can bear anything but that*

12 **En las...** *there aren't any flowers to pick in the streets*

YERMA	No te dejo hablar ni una sola palabra. Ni una más. Te figuras tú y tu gente que sois vosotros los únicos que 'guardáis honra,° y no sabes que mi casta no ha tenido nunca nada que ocultar.° Anda. Acércate a mí y huele mis vestidos: ¡acércate! A ver dónde encuentras un olor que no sea tuyo, que no sea de tu cuerpo. Me pones desnuda en mitad de la plaza y 'me escupes.° Haz conmigo lo que quieras, que soy tu mujer, pero guárdate de poner nombre de varón sobre mis pechos.[13]

care about honor

hide

spit on me

JUAN	No soy yo quien lo pone; lo pones tú con tu conducta y el pueblo lo empieza a decir. Lo empieza a decir claramente. Cuando llego a un corro,° todos callan; cuando voy a 'pesar la harina,° todos callan y hasta de noche, en el campo, cuando despierto me parece que también se callan las ramas de los árboles.

group of people

weigh the flour

YERMA	Yo no sé por qué empiezan los malos aires que revuelcan° al trigo; ¡y mira tú si el trigo es bueno!°

blow down, strong

JUAN	Ni yo sé lo que busca una mujer a todas horas fuera de su tejado.°

house

YERMA	(*En un arranque°* y abrazándose a su Marido.) Te busco a ti. Te busco a ti. Es a ti a quien busco día y noche sin encontrar 'sombra donde respirar.° Es tu sangre y tu amparo° lo que deseo.

outburst

a place to breathe

help

JUAN	Apártate.°

move away from me

YERMA	No me apartes y quiere conmigo.[14]

JUAN	¡Quita!°

get away

---

13 **Guárdate de...** *do not claim that another man has touched me*
14 **No me...** *don't push me away- love me*

YERMA	Mira que me quedo sola. Como si la luna se bus-cara ella misma por el cielo. ¡Mírame! (*Lo mira.*)
JUAN	(*La mira y la aparta bruscamente.*) ¡Déjame ya de una vez!¹⁵
DOLORES	¡Juan! (*Yerma cae al suelo.*)
YERMA	(*Alto.*) Cuando salía 'por mis claveles° me trope-cé con el muro. ¡Ay! ¡Ay! Es en ese muro donde tengo que 'estrellar mi cabeza.°
JUAN	Calla. Vamos.
DOLORES	¡Dios mío!
YERMA	(*A gritos.°*) Maldito° sea mi padre que me dejó su sangre de padre de cien hijos. Maldita sea mi sangre que los busca golpeando por las paredes.
JUAN	¡Calla he dicho!
DOLORES	¡Viene gente! Habla bajo.°
YERMA	No me importa. Dejarme libre siquiera la voz, ahora que voy entrando en lo más oscuro del pozo. (*Se levanta.*) Dejar que de mi cuerpo salga siquiera esta cosa hermosa y que llene el aire.¹⁶
	Se oyen voces.
DOLORES	Van a pasar por aquí.
JUAN	Silencio.

Marginal glosses:
- looking for carnations
- crack my head
- shouting, cursed
- softly

---

15 **Déjame ya...** *leave me alone once and for all*

16 **Dejarme libre...** *at least let my voice go free, now that I am entering the darkest abyss. (She gets up). At least let this beautiful thing emerge from my body and fill up with air*

| YERMA | ¡Eso! ¡Eso! Silencio. Descuida.° | never fear |

| JUAN | Vamos. ¡Pronto! | |

5 YERMA   ¡Ya está! ¡Ya está! ¡Y es inútil que me retuerza°   wring
las manos! Una cosa es querer con la cabeza...

JUAN   Calla.

10 YERMA   (*Bajo.*) Una cosa es querer con la cabeza y otra
cosa es que el cuerpo, ¡maldito sea el cuerpo!, no
nos responda. Está escrito y no me voy a poner
a luchar a brazo partido con los mares. ¡Ya está!
¡Que mi boca se quede muda!¹⁷ (*Sale.*)

15

TELÓN RÁPIDO

CUADRO ÚLTIMO

20

*Alrededores de una ermita, en plena montaña.*¹⁸
'En primer término,° unas 'ruedas de carro° y   downstage, wheels of a
unas mantas° formando una 'tienda rústica' don-   cart; canvas blankets,
de está Yerma. Entran las Mujeres con ofrendas°   rustic tent; offerings
25 *a la ermita. Vienen descalzas.° En escena está la*   barefoot
Vieja alegre del primer acto.

Canto a telón corrido.

30 No te pude ver
cuando eras soltera,
más de casada te encontraré.
No te pude ver
cuando eras soltera.
Te desnudaré° casada y romera,°   undress, pilgrim

---

17 **Está escrito...** *it is written and I won't raise my arm against the tides.*
That's it! May my mouth be struck dumb
18 **Alrededores de...** *the area around a hermitage, in the middle of the*
mountains

cuando en lo oscuro las doce den.

VIEJA   (*Con sorna.*°) ¿Habéis bebido ya el agua santa?°   sarcastically, holy water

5 MUJER 1ª   Sí.

VIEJA   Y ahora, a ver a ése.[19]

MUJER 1ª   Creemos en él.

10

VIEJA   Venís a pedir hijos al santo y resulta que cada año
vienen más hombres solos a esta romería.° ¿'Qué   pilgrimage
es lo que pasa?° (*Ríe.*)   what's going on

15 MUJER 1ª   ¿A qué vienes aquí si no crees?

VIEJA   A ver. Yo me vuelvo loca por ver. Y a cuidar de
mi hijo.[20] El año pasado se mataron dos por una
casada seca y quiero vigilar.° Y en último caso,   to keep watch
20   vengo porque 'me da la gana.°   I feel like it

MUJER 1ª   ¡Que Dios te perdone! (*Entran.*)

VIEJA   (*Con sarcasmo.*) Que te perdone a ti.
25

Se va. Entra María con la Muchacha 1ª.

MUCHACHA 1ª ¿Y ha venido?

30 MARÍA   Ahí tienes el carro. Me costó mucho que vinie-
ran.[21] Ella ha estado un mes sin levantarse de la
silla. Le tengo miedo. Tiene una idea que no sé
cuál es, pero 'desde luego° es una idea mala.   undoubtedly

---

19 The women have come to pray for the saint of the hermitage to make
them fertile. The old woman's "ése" refers to the saint, and implies that she
does not believe in his powers

20 **Yo me...** *I'm just crazy about seeing everything. And to look out for
my son*

21 **Me costó...** *it was hard work to get them to come*

MUCHACHA 1ª Yo llegué con mi hermana. Lleva ocho años vi-
niendo 'sin resultado.°   without any luck

MARÍA   Tiene hijos la que los tiene que tener.

MUCHACHA 1ª Es lo que yo digo.

Se oyen voces.

MARÍA   Nunca me gustó esta romería. Vamos a las eras,°   farms
que es donde está la gente.

MUCHACHA 1ª El año pasado, cuando se hizo oscuro, unos mo-
zos° atenazaron° con sus manos los pechos de mi   young men, felt
hermana.

MARÍA   En 'cuatro leguas a la redonda° no se oyen más   four leagues around
que palabras terribles.

MUCHACHA 1ª Más de cuarenta 'toneles de vino° he visto 'en las   barrels of wine
espaldas° de la ermita.   behind

MARÍA   Un río de hombres solos° baja esas sierras.   lonely

Salen. Se oyen voces. Entra Yerma con seis mujeres
que van a la iglesia. Van descalzas y llevan 'cirios
rizados.° Empieza el anochecer.°   spiral candles, nightfall

Señor, que florezca° la rosa,   blooms
no me la dejéis en sombra.

MUJER 2ª   Sobre su carne marchita°   withered
florezca la rosa amarilla.

MARÍA   Y en el vientre de tus siervas°   servants
la llama oscura de la tierra.

CORO   Señor, que florezca la rosa,

no me la dejéis en sombra.
Se arrodillan.

YERMA	E1 cielo tiene jardines

El cielo tiene jardines
con rosales° de alegría: rosebushes
entre rosal y rosal,
la rosa de maravilla.
'Rayo de aurora° parece,   ray of dawn
y un arcángel la vigila,
las alas como tormentas,°   tempests
los ojos como agonías.
Alrededor de sus hojas
arroyos de leche tibia
juegan y mojan° la cara   wet
de las estrellas tranquilas.
Señor, abre tu rosal
sobre mi carne marchita.

Se levanta.

MUJER 2ª   Señor, calma con tu mano
las ascuas° de su mejilla.°   embers, cheek

YERMA   Escucha a la penitente
de tu santa romería.
Abre tu rosa en mi carne
aunque tenga mil espinas.

CORO   Señor, que florezca la rosa,
no me la dejéis en sombra.

YERMA   Sobre mi carne marchita,
la rosa de maravilla.

Entran.

*Salen muchachas corriendo, con largas cintas en
las manos, por la izquierda. Por la derecha, otras*

tres mirando hacia atrás. Hay en la escena como
un crescendo de voces y de ruidos de cascabeles y
colleras de campanilleros.[22] '*En un plano supe-*
rior° *aparecen las siete muchachas que agitan las*   on a higher level
cintas hacia la izquierda. Crece el ruido y entran
dos Máscaras° *populares. Una como macho y otra*   masked figures
como hembra.° *Llevan grandes caretas.*° *El macho*   female, masks
empuña° *un cuerno de toro en la mano. No son*   clutches
grotescas de ningún modo, sino de gran belleza y
con un sentido de pura tierra. La hembra agita un
collar de grandes cascabeles.

NIÑOS   ¡El demonio y su mujer! ¡El demonio y su mujer!

El fondo° *se llena de gente que grita y comenta la*   background
danza. Está muy anochecido.°   dark

HEMBRA   En el río de la sierra
la esposa triste se bañaba.
Por el cuerpo le subían
los 'caracoles del agua.°   water snails
La arena de las orillas
y el aire de la mañana
le daban fuego a su risa
y temblor a sus espaldas.
¡Ay, qué desnuda estaba
la doncella° en el agua!   maiden

NIÑO   ¡Ay, cómo se quejaba!

HOMBRE 1°   ¡Ay, marchita de amores!

NIÑO   ¡Con el viento y el agua!

HOMBRE 2°   ¡Que diga a quién espera!

HOMBRE 1°   ¡Que diga a quién aguarda!

---

22 **Ruidos de...** *sounds of harness bells and horse-collars*

HOMBRE 2°   ¡Ay, con el vientre seco
                  y la 'color quebrada!°   *waning beauty*

HEMBRA   Cuando llegue la noche lo diré,
5   cuando llegue la noche clara.
                  Cuando llegue la noche de la romería
                  rasgaré° los volantes° de mi enagua.   *will tear off, ruffles*

NIÑO   Y en seguida vino la noche.
10   ¡Ay, que la noche llegaba!
                  Mirad qué oscuro se pone
                  el chorro de la montaña.

                  Empiezan a sonar unas guitarras.

15
MACHO   *(Se levanta y agita el cuerno.)*
                  ¡Ay, qué blanca
                  la triste casada!
                  ¡Ay, cómo se queja entre las ramas!
20   Amapola° y clavel será luego,   *poppy*
                  cuando el macho despliegue° su capa.°   *spreads out, cape*

                  Se acerca.

25
                  Si tú vienes a la romería
                  a pedir que tu vientre se abra,
                  no te pongas un 'velo de luto°   *mourning veil*
                  sino dulce 'camisa de holanda.°   *linen gown*
                  Vete sola detrás de los muros,
30   donde están las higueras cerradas,°   *thick*
                  y 'soporta mi cuerpo de tierra°   *bear my earthly body*
                  hasta el blanco gemido° del alba.   *groan*
                  ¡Ay cómo relumbra!
                  ¡Ay cómo relumbra!
35   Ay cómo se cimbrea° la casada!   *sway*

HEMBRA   ¡Ay, que el amor le pone
                  coronas y guirnaldas,°   *garlands*

                y 'dardos de oro vivo°   darts of bright gold
                en sus pechos se clavan!

MACHO   Siete veces gemía,
5   nueve se levantaba.
                Quince veces juntaron
                jazmines con naranjas.

HOMBRE 1°   ¡Dale ya con el cuerno!
10

HOMBRE 2°   Con la rosa y la danza.

HOMBRE 1°   ¡Ay, cómo se cimbrea la casada!

15 MACHO   En esta romería
                el varón siempre manda.
                Los maridos son toros,
                el varón siempre manda,
                y las romeras flores,
20   para 'aquel que las gana.°   him who wins them

NIÑO   Dale ya con el aire.

HOMBRE 2°   Dale ya con la rama.
25

MACHO   ¡Venid a ver la lumbre°   splendor
                de la que se bañaba!

HOMBRE 1°   Como junco se curva.°   bends
30

HEMBRA   Y como flor se cansa.

HOMBRES   ¡Que se aparten las niñas!

35 MACHO   ¡Que se queme la danza
                y el cuerpo reluciente
                de la linda casada.

Se van bailando con son de palmas y sonrisas.[23]
Cantan.

El cielo tiene jardines
con rosales de alegría:
entre rosal y rosal,
la rosa de maravilla.

*Vuelven a pasar dos muchachas gritando. Entra la
Vieja alegre.*

VIEJA   A ver si luego nos dejáis dormir. Pero luego será
ella.[24] (*Entra Yerma.*) ¡Tú! (*Yerma está abatida°*   depressed
y no habla.) Dime, ¿para qué has venido?

YERMA   No sé.

VIEJA   ¿No te convences?° ¿Y tu esposo? (*Yerma da*   you're not sure
'muestras de cansancio° y de persona a la que una   signs of fatigue
idea fija 'le quiebra la cabeza.°)   churning in her mind

YERMA   Ahí está.

VIEJA   ¿Qué hace?

YERMA   Bebe. (*Pausa. Llevándose las manos a la frente.°*)   forehead
¡Ay!

VIEJA   ¡Ay, ay! Menos ¡ay! Y más alma.° Antes no he   spirit
podido decirte nada, pero ahora sí.

YERMA   ¡Y qué me vas a decir que ya no sepa!

VIEJA   Lo que ya no se puede callar. Lo que está puesto encima del tejado. La culpa es de tu marido.

---

23 **Son de...** *sound of clapping and laughter*
24 **Pero luego...** *but there will be something else later*

¿Lo oyes? Me dejaría cortar las manos.[25] Ni su
padre, ni su abuelo, ni su bisabuelo, se portaron
como hombres de casta. Para tener un hijo ha
sido necesario que se junte el cielo con la tierra.
Están 'hechos con saliva.° En cambio, tu gente   made of spit
no. Tienes hermanos y primos a cien leguas a la
redonda. Mira qué maldición ha venido a caer
sobre tu hermosura.

YERMA   Una maldición. Un charco de veneno sobre las
               espigas.[26]

VIEJA   Pero tú tienes pies para marcharte° de tu casa.   leave

YERMA   ¿Para marcharme?

VIEJA   Cuando te vi en la romería me dio un vuelco
               el corazón.[27] Aquí vienen las mujeres a conocer
               hombres nuevos. Y el Santo hace el milagro. Mi
               hijo está sentado detrás de la ermita esperándo-
               me. Mi casa necesita una mujer. Vete con él y vi-
               viremos los tres juntos. Mi hijo sí es de sangre.
               Como yo. Si entras en mi casa, todavía queda
               olor de cunas.° La ceniza° de tu colcha se te vol-   cradles, ash
               verá° pan y sal para las crías. Anda. No te impor-   will turn into
               te la gente. Y, 'en cuanto a tu marido,° hay en mi   as for your husband
               casa entrañas y herramientas para que no cruce
               siquiera la calle.[28]

YERMA   Calla, calla. ¡Si no es eso! Nunca lo haría. Yo no
               puedo ir a buscar. ¿Te figuras que puedo conocer
               otro hombre? ¿Dónde pones mi honra? El agua
               no se puede volver atrás, ni la luna llena sale al

---

25 **Me dejaría...** *let him cut off my hands if it isn't*
26 **Un charco...** *a flood of poison over the crops*
27 **Me dio...** *my heart skipped a beat*
28 **Hay en...** *in my house there are strong hearts and weapons to keep him
from even crossing the street*

mediodía. Vete. Por el camino que voy, seguiré.[29]
¿Has pensado en serio que yo me pueda doblar°   submit
a otro hombre? ¿Qué yo vaya a pedirle lo que es
mío como una esclava? Conóceme,° para que   understand me
5   nunca me hables más. Yo no busco.

VIEJA   Cuando se tiene sed, se agradece el agua.

YERMA   Yo soy como un campo seco donde caben aran-
10   do mil pares de bueyes,[30] y lo que tú me das es un
pequeño vaso de agua de pozo. Lo mío es dolor
que ya no está en las carnes.

VIEJA   (*Fuerte.*) Pues sigue así. Por tu gusto es. Como
15   los cardos del secano, pinchosa, marchita.[31]

YERMA   (*Fuerte*). ¡Marchita, sí, ya lo sé! ¡Marchita! No
es preciso que me lo refriegues por la boca.[32] No
vengas a solazarte ° como los niños pequeños en   amuse yourself
20   la agonía de un animalito. Desde que me casé
estoy 'dándole vueltas° a esta palabra, pero es la   avoiding
primera vez que la oigo, la primera vez que me la
dicen en la cara. La primera vez que veo que es
verdad.

25
VIEJA   No me das ninguna lástima, ninguna. Yo buscaré
otra mujer para mi hijo.

Se va. Se oye un gran coro° lejano cantando por los   chorus
30   *romeros. Yerma se dirige hacia el carro y aparece*
detrás del mismo su Marido.

YERMA   ¿Estabas ahí?

---

29   **El agua...** *water cannot run backwards, nor does the full moon come*
out at midday. Go away. I will continue along the path that I have chosen

30   **Yo soy...** *I am like a barren field in which a thousand pairs of oxen*
drive the plow

31   **Como los...** *like the thistles of the dry land, prickly and barren*

32   **No es...** *you don't have to rub it in*

JUAN	Estaba.
YERMA	¿Acechando?° spying
JUAN	Acechando.
YERMA	¿Y has oído?
JUAN	Sí.
YERMA	¿Y qué? Déjame y vete a los cantos. (*Se sienta en las mantas.*)
JUAN	También es hora de que yo hable.
YERMA	¡Habla!
JUAN	Y que me queje.
YERMA	¿Con qué motivo?
JUAN	Que tengo el amargor° en la garganta. bitterness
YERMA	Y yo en los huesos.° bones
JUAN	'Ha llegado el último minuto° de resistir este continuo lamento por cosas oscuras, fuera de la vida, por cosas que están en el aire. the time has come
YERMA	(*Con asombro dramático.*) ¿Fuera de la vida, dice? ¿En el aire, dice?
JUAN	Por cosas que no han pasado y ni tú ni yo dirigimos.° control
YERMA	(*Violenta.*) ¡Sigue! ¡Sigue!
JUAN	Por cosas que a mí no me importan. ¿Lo oyes?

Que a mí no me importan. Ya es necesario que te lo diga. A mí me importa lo que tengo entre las manos. Lo que veo por mis ojos.

YERMA (*Incorporándose de rodillas, desesperada.*[33]) Así, así. Eso es lo que yo quería oír de tus labios. No se siente la verdad cuando está dentro de una misma, pero ¡qué grande y cómo grita cuando 'se pone fuera° y levanta los brazos! ¡No te impor- *it comes out*
ta! ¡Ya lo he oído!

JUAN (*Acercándose.*) Piensa que tenía que pasar así. Óyeme. (*La abraza para incorporarla.*) Muchas mujeres serían felices de llevar° tu vida. Sin hijos *have*
es la vida más dulce. Yo soy feliz no teniéndolos. No tenemos culpa ninguna.

YERMA ¿Y qué buscabas en mí?

JUAN A ti misma.

YERMA (*Excitada.*) ¡Eso! Buscabas la casa, la tranquilidad y una mujer. Pero nada más. ¿Es verdad lo que digo?

JUAN Es verdad. Como todos.

YERMA ¿'Y lo demás?° ¿Y tu hijo? *and the rest*

JUAN (*Fuerte.*) ¿No oyes que no me importa? ¡No me preguntes más! ¡Que te lo tengo que gritar al oído para que 'lo sepas,° a ver si de una vez vives *understand it*
ya tranquila!

YERMA ¿Y nunca has pensado en él cuando me has visto desearlo?

---

33 **Incorporándose de...** *desperately sitting up on her knees*

JUAN	Nunca.

Están los dos en el suelo.°   ground

YERMA	¿Y no podré esperarlo?

JUAN	No.

YERMA	¿Ni tú?

JUAN	Ni yo tampoco. ¡Resígnate!

YERMA	¡Marchita!

JUAN	Y a vivir en paz. Uno y otro, con suavidad, con agrado.° ¡Abrázame! (*La abraza.*)

gladness

YERMA	¿Qué buscas?

JUAN	A ti te busco. Con la luna estás hermosa.

YERMA	Me buscas como cuando te quieres comer una paloma.

JUAN	Bésame...así.

YERMA	Eso nunca. Nunca. (*Yerma da un grito y aprieta° la garganta de su Esposo. Éste cae 'hacia atrás.° Yerma le aprieta° la garganta hasta matarle. Empieza el Coro de la romería.*) Marchita. Marchita, pero segura. Ahora sí que lo sé de cierto. Y sola. (*Se levanta. Empieza a llegar gente.*) Voy a descansar° sin despertarme sobresaltada,° para ver si la sangre me anuncia° otra sangre nueva. Con el cuerpo seco para siempre. ¿Qué queréis saber? No os acerquéis, porque he matado a mi hijo. ¡Yo misma he matado a mi hijo!

grasps

backwards, squeezes

sleep, startled

announces

Acude un grupo que queda parado al fondo.[34] *Se oye el coro de la romería.*

TELÓN FINAL

Spanish-English Glossary

The English definitions of the following words refer to their specific meaning in *Yerma*. Many also have other meanings which are not included here.

A

a gritos shouting
a la redonda around
a pesar de in spite of
abatida depressed
abierto open
ablandar to soften
aborrecer to hate, to detest
abrazar to hug
abrir to open
abuelo grandfather
acá here
acabar to finish, to end up
acechar to spy, to stalk
aceite oil
acentuarse to intensify
acequia irrigation ditch
acercarse to approach, to get closer
acero steel
achaque ailment, complaint
acompañar to accompany
acostarse to go to bed
acudir to go over to, to gather
adormilada sleeping
afán desire, effort
agarrar to hold onto, to get hold of, to pick up

agitarse to shake, to tremble, to become agitated
agonía agony
agradecer to appreciate
agrado gladness
agua water
agua dulce fresh water
agua santa holy water
aguantar to put up with
aguardar to await
aguja needle
ahí there
ahogada choking
ahogar(se) to stifle, to drown
ahondar to try harder
aire air
al revés backwards, in reverse
ala wing
alacena cupboard
alba dawn
alegre happy
alegría happiness
algazara excitement, commotion
algo something
algodón cotton
alhelí wallflower, gillyflower

aligerar to hurry up
aliviar to ease, to relieve
alma spirit, soul
almohada pillow
alocada crazy
alrededores the surrounding area
alto loudly
alzar to raise
amanecer daybreak, to dawn
amapola poppy
amarga bitter
amargor bitterness
amarillo yellow
amarrado bound, tied up
amor love
amorosamente lovingly
amparar to help, to take refuge
amparo help, refuge, protection
anciano elderly
andar to walk
angustia anxiety, distress
anís anisette
año year
anochecer nightfall, to get dark
ansia longing
ansiar to long for, to yearn for
anteanoche the night before last
antigua old lady
anunciar to announce
aparecer to appear
apartarse to move away
aprender to learn
apretado held, squeezed
apretar to grasp, to squeeze
apuñalar to stab
apuntar to ripen, to mature
aquí here
arado plow
arañazos scratches

árbol tree
arcángel archangel
arder to fume, to burn
arena sand
arramblar to uproot, to eradicate
arranque outburst
arrayán myrtle
arreglarse to sort out, to fix
arrepentirse to regret
arrodillarse to kneel down
arroyo stream, brook
arrugado wrinkled
asado roast
ascua ember
asegurar to assure
así that's it
asomarse to lean out
asombro astonishment
aspirar to inhale, to breathe in
astucias tricks
asunto matter
atada tied up, bound
atardecer dusk
ataúd coffin
atenazar to feel, to grip
atrás backwards
aturdida confused, stunned
aumentar to increase
aunque although
aurora dawn
avanzar to advance
avispa wasp
ayudar to help
azúcar sugar
azul blue

B
bajar to lower
bajo softly

bañarse to bathe
bandurria style of mandolin
belleza beauty
besar to kiss
bisabuelo great-grandfather
blanco white
blancura whiteness
blanquear to whitewash
blusa blouse
boca mouth
boca arriba face up
boda wedding
bordar to embroider
bostezo sigh, yawn
boyero herdsman
brasas embers
brazos arms
bronce bronze
bruscamente brusquely
bueno good, strong
buey ox
buscar to look for

C
cabello hair
cabeza head
cada each, every
caer to fall
café coffee
calar to soak, to drench
cáliz chalice
callar to be quiet
calle street
cama bed
cambiar to change
camino pathway
camisa shirt
camisa de holanda gown of soft
    Dutch linen

campanillero bell ringer
campo countryside, field
canasto basket
caño channel, spout
cansancio fatigue, exhaustion
cansarse to tire
cantar to sing
cántaro pitcher
canto singing, song
capa cape
capricho whim, fancy
cara face
caracol snail
caracola conch-shell horn
cardo thistle
careta mask
carga responsibility, burden
carne meat, flesh
carrasposa rough
carro wagon, cart
casa house
casada married woman
casarse to get married
cascabel harness bells
casi almost
casta caste
cenar to eat dinner
ceniza ash
cera wax
cerdo pig
cerradas thick
cesar to cease
cesta basket
charco inundation, puddle
chica small
chocita small shack
chorro jet of water
ciego blind
cielo sky

cien one hundred

ciervo stag, deer

cigarra cicada

cimbrearse to sway

cinta ribbon, bow, garland

cintura womb, belly, waist

cirio candle

claras del día daybreak, daylight

clarear to brighten, to dawn

clavar to stick in, to sting

clavel carnation

clavos thorns, nails

cobertizo shed

cobre copper

coger to pick up, to touch

colcha bedspread

collera collars

colmado overflow

color beauty, color

colorete rouge

comentar to comment on, to talk about

comenzar to begin

comida food

cómplice conspiratorial

comprar to buy

con ansias longingly

conducta conduct, behavior

confianza confidence

confituras preserves

conformidad consent

conjuradora conjurer, sorceress

conllevar to share

conocer to know, to be familiar with, to meet, to recognize

consejo advice

consumirse to waste away

contar to count

contestar answer

convencer to be sure, to convince

convenir to be advisable

corazón heart

cordero lamb

coro chorus

corona wreath, crown

corro group of people

cortar to cut, to pick

cortinitas small curtains

cosa thing

coser to sew

costarle trabajo it pains her, to be hard

crecer to grow

creer to believe

cresta crest, top

cría child

criarse to raise, grow up

criatura creature, child, person

críos children

cristales windows

criticar to criticize

cruz cross

cuadro scene

cubrir to cover

cuerno horn

cuerpo body

cuestión matter

cuidar to take care of

culpa blame, fault

cumplir to fulfill

cuna cradle

cuñada sister-in-law

curiosidad curiosity

curvar to bend, to bow

D

dalia dahlia (flower)

danza dance

dar to give
dar asco to disgust, to frighten
dar miedo to be frightening
dar voces to shout
dar vueltas to avoid
dardo dart
darle la gana to feel like
darse cuenta de to be able to tell, to realize
darse una vuelta to turn over
dar un vuelco to skip a beat (the heart)
de cierto for certain
de pie standing
de prisa in a hurry
de puntillas tiptoes
deber duty
débil weak
decir to tell, to say
dedo finger
defender to defend
dejar to allow, to let, to leave, to put down
delantal pinafore
delante in front
demás the rest
demasiado too much
demonio devil
dentro inside
deprisa quickly
derecha right
desahogar to let off steam, to vent
desahogo release, relief
desaliento discouragement
desasosiego unease
descalzo barefoot
descansar to sleep, to rest
descuidada careless
descuidar never fear

desde from
desde luego undoubtedly
desecho wasteland
deseo desire
desesperada desperately
deslizarse to slide
desnuda naked
desnudar to undress
despedirse to say goodbye
despegar los labios to open the lips, to say a word
despertarse to wake up
desplegar to spread, to unfold
desviar to divert, to change
detener to stop, to detain
día day
dichosa fortunate, happy
dientes teeth
dinero money
Dios God
dirigir to control
dirigirse to go towards
divertirse to enjoy oneself
doblar to submit, to yield
doctora doctor
doler to ache, to hurt
dolor pain
doncella maiden
dormida asleep
dormirse to fall asleep
dudar to doubt
dueño owner
dulce sweet
duro hard

E
echar to feed
él mismo himself
embozos linens

empapado drenched, soaked
empeñar to insist
empezar to begin
empujar to kick (baby), to push
empuñar to clutch, to brandish
en busca in search of
en las espaldas behind
en plena in the middle of
en primer término downstage
en último caso if it comes down
    to it
en vela awake
enaguas underskirts, petticoats
encaje lace
encerrado locked up
encerrar to lock up, to bury
encharcar to drown, to flood, to
    waterlog
encima de on top of
encinta with child, pregnant
encontrar to encounter, to run into,
    to find
endemoniada bedeviled
endulzada soft, sweet
endulzar to sweeten, to soften
enfermo sick
engañadora deceitful
engañar to deceive, to cheat on
enhebrar to thread
enjundia fat
enjuto lean, gaunt, skinny
enlazar to intertwine
ensartar to pierce, to skewer
enseñanza teaching
enseñar to show
entender to understand
enterarse to find out, to under-
    stand
entraña entrail, heart

entre between
entre dientes quietly, softly
entregar(se) to give, to deliver, to
    give oneself up
entretener to delay
envidia envy
envolver to entrap
eras farms
erguir to straighten up, to lift
ermita hermitage
escarcha frost
escena scene, stage
esclava slave
esconderse to hide
escupir to spit
eso that
espantarse to be startled
espera wait
esperanza hope
esperar to wait, to hope
espesura denseness, thickness
espiga crop
espina thorn
esposo husband
esquilas sheep bells
esquina corner
estar alerta to be on alert
estar encargado to be in charge of
estrella star
estrellar to crack, to break
estremecerse to shudder, to trem-
    ble
excitada worked up, excited
extraña strange
extraviada at a loss, lost

F
faena farm work, task, job
falda skirt

faltar to be missing, to lack, to fail
fanega bushel
fango mud
fantasma ghost
felicidad happiness
feria fair
fiesta party
figuración imagination, fantasy
figurar to imagine
fija fixed
fijamente fixedly
fingida hypocrite
firme firm
floja lazy, weak
flor flower
florecer to bloom
fondo background
fregar to polish, to wash
frente forehead
fresca fresh
frío cold
fruta fruit
fruto profit, benefit
fuego fire
fuente spring, fountain, platter
fuera outside
fuerza strength
fundir to weld

G
gallina hen, chicken
ganado cattle, livestock
ganar to win
garganta throat
gemido groan
gemir to moan
gente people
gesto gesture
golpe blow

golpear to strike, to beat
gota drop
gozo joy
gracia grace
grietas scratches, cracks
gritar to shout, to cry out
grotesca grotesque
guardar to save, to keep, to look
   after
guirnalda garland
guisar to cook
guiso stew
guitarra guitar
gusto preference

H
haber to have (aux.)
habitación room
hablar to speak
hacer to make, to do
hacer calceta to knit
hacer falta to need
hacia toward
hacienda possession, property
harina flour
harto tired, fed up
helar to freeze
hembra female
herido wounded
hermana sister
hermano brother
hermoso beautiful
hermosura beauty
herramientas tools, instruments
hierba grass
higuera fig tree
hijos children
hilo thread, linen
hojas leaves

honra good name, honor, virtue
honradez integrity, decency
hora hour, time
hueso bone

I
iglesia church
iluminada illuminated, lit up
ilusión dream, illusion
importar to matter
inclinar to tilt
incorporarse to sit up
infamia disgrace
infierno hell
iniciativa initiative
inquietud restlessness
intención intention, meaning
inundación flood
inútil useless
invierno winter
ir to go
izquierda left

J
jamás never
jaramagos yellow weeds
jardín garden
jarra pitcher
jazmín jasmine
joven young
jugar to play
juncos rushes, reeds
juntar to accumulate, to join together
justo fair

L
labios lips
ladrar to bark

ladrón thief
lagarto lizard
lamento sorrow, lament
lamer to lick
lana wool
lástima pity, shame
latir to throb, to beat
laurel laurel, bay leaf
lavandera laundress, washing woman
lavar to wash
lecciones lessons
leche milk
leer to read
leguas leagues
lejos far away
lengua tongue
lentamente slowly
levantarse to rise, to get up
libertad freedom
libro book
licencia license
limpieza innocence, cleanliness
linda pretty, beautiful
lío bundle, mess
llaga wound
llano meadow, plain
llegar to arrive
llenar to fill up
lleno full
llevar to bring, to carry, to bear, to have, to take
llevar de la mano to lead by hand
llevar razón to be right
llorar to cry
lluvia rain
loca crazy
lucha struggle
lumbre fire, splendor

luna moon
luto mourning
luz light

M
machacada withered, crushed
machorra manly woman, barren
machos men
madre mother
madroño tassel
maldecir to curse
maldito cursed
mamar to nurse, to breastfeed
manada herd, pack
mañana morning
manantial spring
mandar to order, to send, to command
manejable manageable
manojo bunch, handful
manta canvas blanket
mantel table
mantón shawl
manzana apple
manzano apple tree
mar sea, tid
maravilla wonder
marcharse to leave, to go away
marchita withered, faded, shriveled
marido husband
martillo hammer
martirizar to torment
más more
máscara mask
matar to kill
mayor older
mediodía midday
mejilla cheek
mejor better

melón melon
mendicante beggar
menos except, but
mentir to lie
mentira lie
mes month
meter to put, to place, to drive
meterse to get inside
metida stuck
miedo fear
minuto minute
mirada gaze, glance
mirar to watch, to look at
mojarse to get wet
molino mill
montaña mountain
monte mountain, hillside
morir to die
mortaja shroud
motivos motives
mover to move
movimiento movement
mozo young man
muchachas girls
mucho a lot
muda mute, dumb
muestra sign
mugir to low, to bellow
mujer wife, woman
mundo world
murmullo whisper
murmuradora gossipy
muro wall
muslo thigh

N
nacer to spring up, to be born
nacimiento birth
nadar to swim

nadie no one, nobody
nana lullaby
naranja orange
nave ship
necesitar to need
negar to deny
nevada snowfall
nieve snow
niño boy, child
noche night
notar to feel, to notice
novia bride, girlfriend
nube cloud
nuca nape, back of the neck

O
obligar to force, to require
ocultar to hide
ocurrir to happen
odiar to hate
odio hatred
ofender to offend
ofendida hurt
ofrenda offering
oído ear
oír to hear, to listen to
ojo eye
oleada wave
oler to smell, to give off a scent
olivos olive groves
olor scent, smell
olvidar to forget
ombligo navel
oponerse to be opposed
oración prayer
oreja ear
orilla shore
orinar to urinate
oro gold

oscuro dark
oveja sheep

P
padre father
pagador buyer, paymaster
pájaro bird
palabra word
palmas hand claps
palomas doves
pan bread
pañal diaper, cloth
paño cloth
pañuelo cloth, scarf
parado motionless, stuck
parar to stop
parecer to seem
pared wall
parir to give birth
partido broken
pasar to go by, to pass by, to happen
paso footstep
pasto grass
pastor shepherd
patio patio
paz peace
pecado sin
pecho chest, breast
pedernal flint
pedir to ask for, to pray
pena sorrow
penitente penitent
pensar to think
penumbra half-light, shadow
peor worse
perdonar to forgive
pesar to weigh
pico beak
piedra stone, cobblestone

piel skin
piernecitas little legs
pies feet
pinchoso prickly
pisar to step on
planchadas pleated, ironed
planos levels
plantar to plant
plata silver
pobreza deprivation, destitution
podar to prune
poder to be able to
polvos de blancura face-powder
por caridad out of charity
portar to behave
portón gates, front doors
pozo well, abyss
prado meadow
preguntar to ask
prenderse to pin on
primavera spring
primeriza first-time mother
privar to deprive
prometer to promise
propia own
pueblo town
puerta door
puerto mountain pass
pujante vigorous
pulso de caballo hoof beat
puñalada stab wound

Q
quebrar to break, to churn
quebrada waning, broken
quedar to stay, to remain
quejarse to complain
quejumbrosa complainer, whiner
quemadura burn mark

quemar to burn
querer to love, to want
quieta still
quitar to get away

R
rama branch
ramo bouquet, sprig
rasgar to tear
rayo lightning, ray
razón reason, way
realizar to carry out
rebajada humiliated
rebaño flock
recién paridas new mothers
reconocer to realize
redil pen
redondo round
refregar to scrub, to rub
refresco cool drink
regalona spoiled
regar to water
reír to laugh
relinchar to whinny
reloj clock
reluciente shiny, beaming
relumbrar to shine, to gleam
remero rower
reparar to notice
repetir to repeat, to say
requesón fresh cheese
resignarse to resign oneself
resistir to withstand, to stop, to
    resist
respirar breathe
responder to respond
retama broom tree
retirar to draw back
retorcer to wring

retratado portrait
revolcar to blow down, to knock over
rezo prayer
río river
risa laugh, smile
ritmo rhythm
rizado spiral
rizar to curl
robar to rob
roble oak tree
roca rock, stone
rodear to trim, to surround
rodeo detour
rodillas knees
rogar to beg
rojo red
romera wanderer, pilgrim
romería pilgrimage
romperse to break
ropa clothing, bed-clothes
rosa rose
rosal rosebush
rota broken
rueda wheel
ruido noise, sound
ruina ruin

S
saber to know
sal salt
salida del sol sunrise
salir to leave, to exit, to go out, to appear
saltar to jump over, to leap
salud farewell, to your health
salvación salvation, hope
sangre blood
sano healthy

seca barren, infertile, dry
secano dry land
secar to dry
sed thirst
segador reaper, harvester
seguir to continue, to go on
segura safe, certain
señalar to point to, to point out
sentarse to sit down
sentir to be sorry, to feel
sepulcro tomb
ser to be
serena calm, serene
serenidad serenity, calmness
servir to be useful, to serve
siempre always
sierra mountain range
sierva servant
sigilosamente stealthily
silla chair
simiente seed
sin embargo yet, nevertheless
sino fate, destiny
siquiera even
sobresaltada startled
sol sun
solazarse to amuse oneself
solería flooring
solo lonely, alone
soltera single woman
sombra shade
sombría sullen, gloomy
son sound
sonar to sound, to ring
soñar to dream
sonido sound
sonreír to smile
sonriente smiling
sonrisa laughter

soportar to bear, to support, to carry
sorbo sip
sordo deaf
sorna sarcasm
sosegado peaceful
sosiego peace
suave gentle, soft
suavemente gently
subir to climb, to go up
sudar to sweat
suelo ground
sueño dream, sleep
sufrir to suffer
sumisa obedient, submissive
suposiciones suppositions, assumptions
suspiro sigh

T
tabaque de costura sewing kit
tajada slice
tallo stem, stalk
tan so
tapar to cover
tapas del pecho nipples
tardar to take time
techo ceiling
tejado rooftop, house
tela cloth, fabric
telón curtain
temblar to tremble
temblor shiver
tembloroso trembling
temprano early
tener to have
tener hambre to be hungry
tener razón to be right
tener susto te be afraid

tener vergüenza to be ashamed
tibia warm
tiempo time
tienda store, tent
tierno tender, soft
tierra land, earth, ground
tijeras scissors
tío uncle
tirar to pull
tocar to touch, to ring
todavía still
todos all
tomar to drink, to take
tomarlo a mal to take the wrong way
tomillo thyme
tonel barrel
tonterías foolishness
torito small bull
tormenta storm, tempest
toro bull
torrente stream, brook
torta cake
trabajar to work
trabajo labor, hard work, hardship, trouble
traer to bring
trajecito baby outfits
tranco doorstep
tranquilo contented
transcurrir to pass, to go by
trenza braid
trigo wheat
triste sad
tristeza sadness
tronchada shattered
tropezar con to come across, to find
tumba tomb

turbada disturbed

U
último last
única only one
untar to spread, to smear

V
vacía meaningless, empty
vaho breath, vapor
valiente brave
vara spool
varón man
vaso glass
vecino neighbor
vega land
veinticuatro twenty-four
velo vail
velón large candle
veneno venom, poison
venir to come
ver to see
verano summer
verdad truth, true
verdadera true
verde green
vergonzosa bashful
vestido dress, dressed

vez time, instance
vida life
vidrio shards of glass
vieja old, old woman
viejos elders
viento wind
vientre belly, womb
vigilar to keep watch
vino wine
vivienda home, house, residence
vivir to live
vivo alive, bright
volante ruffle, flounce
voluntad will
volverse to become, to turn into
volverse loco to go crazy

Y
y and
ya already
yerbajos wild herbs
yerto rigid
yuntas oxen

Z
zagal shepherd
zagalón young lad

La casa de Bernarda Alba

La casa de Bernarda Alba

Drama de mujeres en los pueblos de España

Personas

BERNARDA, 60 años
MARÍA JOSEFA (madre de Bernarda), 80 años
ANGUSTIAS (hija de Bernarda), 39 años
MAGDALENA (hija de Bernarda), 30 años
AMELIA (hija de Bernarda), 27 años
MARTIRIO (hija de Bernarda), 24 años
ADELA (hija de Bernarda), 20 años
LA PONCIA (criada), 60 años
PRUDENCIA, 50 años
CRIADA, 50 años
MENDIGA
MUJERES DE LUTO
MUJER PRIMERA
MUJER SEGUNDA
MUJER TERCERA
MUJER CUARTA
MUCHACHA

*El poeta advierte que estos tres actos tienen
la intención de un documental fotográfico.*

Acto primero

*Habitación blanquísima del interior de la casa de Bernarda.
Muros gruesos.° Puertas en arco con cortinas de yute rematadas con*   thick
madroños y volantes.¹ Sillas de anea.° Cuadros con paisajes inve-   bulrush

---

1 **Puertas en...** *arched doorways with jute curtains tied back with tassels*

223

rosímiles de ninfas o reyes de leyenda.² Es verano. Un gran silencio umbroso° se extiende por la escena. Al levantarse el telón° está la escena sola. Se oyen doblar las campanas.³ Sale la Criada.   shady, curtain

CRIADA	Ya tengo el doble° de esas campanas metido en- tolling tre las sienes.° temples
LA PONCIA	(*Sale comiendo chorizo y pan.*) Llevan ya más de dos horas de gorigori.⁴ Han venido curas de to- dos los pueblos. La iglesia está hermosa. En el primer responso se desmayó° la Magdalena. fainted
CRIADA	Ésa es la que se queda más sola.
LA PONCIA	Era la única que quería al padre. ¡Ay! ¡Gracias a Dios que estamos solas un poquito! Yo he veni- do a comer.
CRIADA	¡Si te viera Bernarda...!
LA PONCIA	¡Quisiera que ahora, como no come ella, que todas nos muriéramos de hambre! ¡Mandona! ¡Dominanta! ¡Pero se fastidia!⁵ Le he abierto la 'orza de chorizos.°¹⁰ sausage crock
CRIADA	(*Con tristeza, ansiosa.*) ¿Por qué no me das para mi niña, Poncia?
LA PONCIA	Entra y llévate también un puñado° de garban- handful zos. ¡Hoy no se dará cuenta!⁶
VOZ:	(*Dentro.*) ¡Bernarda!

---

and ruffles

   2   **Cuadros con...** *paintings with implausible landscapes of nymphs or legendary kings*

   3   **Se oyen...** *tolling bells are heard*

   4   **Llevan ya...** *they have been droning for more than two hours*

   5   **¡Mandona!...** *bossy and domineering woman. Well, damn her!*

   6   **Hoy no...** *today she won't notice*

LA PONCIA	La vieja. ¿Está bien cerrada?

CRIADA	Con dos vueltas de llave.[7]

LA PONCIA	Pero debes poner también la tranca.° Tiene unos dedos como cinco ganzúas.°

security bar
lock-picks

VOZ:	¡Bernarda!

LA PONCIA	(*A voces.*) ¡Ya viene! (*A la Criada.*) Limpia bien todo. Si Bernarda no ve relucientes° las cosas me arrancará los pocos pelos que me quedan.[8]

shining

CRIADA	¡Qué mujer!

LA PONCIA	Tirana de todos los que la rodean.° Es capaz de sentarse encima de tu corazón y ver cómo te mueres durante un año sin que se le cierre esa sonrisa fría que lleva en su maldita cara. ¡Limpia, limpia ese vidriado!°

surround

glazed dishes

CRIADA	Sangre en las manos tengo de fregarlo° todo.

scrub all of it

LA PONCIA	Ella, la más aseada°; ella, la más decente; ella, la más alta. Buen descanso ganó su pobre marido.

tidy

Cesan las campanas.

CRIADA	¿Han venido todos sus parientes?

LA PONCIA	Los de ella. La gente de él la odia. Vinieron a verlo muerto, y le hicieron la cruz.

CRIADA	¿Hay bastantes sillas?

LA PONCIA	Sobran.° Que se sienten en el suelo. Desde que

more than enough

---

7 **Con dos...** *with two turns of the key*
8 **Me arrancará...** *she will pull out the few hairs that I have left*

murió el padre de Bernarda no han vuelto a entrar las gentes bajo estos techos.° Ella no quiere que la vean en su dominio. ¡Maldita sea!   ceilings

5 CRIADA   Contigo se portó bien.⁹

LA PONCIA   Treinta años lavando sus sábanas°; treinta años   sheets
comiendo sus sobras; noches en vela cuando
tose¹⁰; días enteros mirando por la rendija° para   gap in the shutters
10   espiar a los vecinos y llevarle el cuento; vida sin
secretos una con otra, y sin embargo, ¡maldita
sea! ¡Mal dolor de clavo le pinche en los ojos!¹¹

CRIADA   ¡Mujer!

15
LA PONCIA   Pero yo soy buena perra; ladro° cuando me lo   I bark
dice y muerdo los talones de los que piden limosna cuando ella me azuza¹²; mis hijos trabajan en sus tierras y ya están los dos casados, pero
20   un día me hartaré.°   will grow tired of this

CRIADA   Y ese día...

LA PONCIA   Ese día me encerraré° con ella en un cuarto y le   will shut myself in
25   estaré escupiendo° un año entero. "Bernarda,   spitting
por esto, por aquello, por lo otro," hasta ponerla
como un 'lagarto machacado° por los niños, que   squashed lizard
es lo que es ella y toda su parentela.° Claro es   relatives
que no le envidio la vida. La quedan cinco mujeres, cinco hijas feas, que quitando a Angustias,
30   la mayor, que es la hija del primer marido y tiene
dineros, las demás mucha puntilla bordada, muchas camisas de hilo, pero pan y uvas por toda

---

9 **Contigo se...** *she's been good to you*
10 **Noches en...** *nights awake when she had a cough*
11 **¡Mal dolor...** *may a painful nail puncture her eyes*
12 **Muerdo los...** *I bite the heels of beggars when she eggs me on*

herencia.[13]

CRIADA ¡Ya quisiera tener yo lo que ellas!

LA PONCIA Nosotras tenemos nuestras manos y un hoyo° en   hole
la tierra de la verdad.

CRIADA Ésa es la única tierra que nos dejan a las que no
tenemos nada.

LA PONCIA (*En la alacena.*°) Este cristal tiene unas motas.°   cupboard, specks

CRIADA Ni con el jabón° ni con bayeta° se le quitan.

Suenan las campanas.   soap, rag

LA PONCIA El último responso. Me voy a oírlo. A mí me
gusta mucho cómo canta el párroco. En el "Pater
noster" subió, subió, subió la voz que parecía un
cántaro° llenándose de agua poco a poco. ¡Cla-   pitcher
ro es que al final 'dio un gallo,° pero da gloria   his voice cracked
oírlo! Ahora que nadie como el antiguo sacris-
tán, Tronchapinos. En la misa de mi madre, que
esté en gloria, cantó. Retumbaban° las paredes, y   shook
cuando decía amén era como si un lobo hubiese
entrado en la iglesia. (*Imitándolo.*) ¡Ameeeén!

(*Se echa a toser.*°)   cough

CRIADA Te vas a hacer el gaznate polvo.[14]

LA PONCIA ¡Otra cosa hacía polvo yo![15] (*Sale riendo.*)

La Criada limpia. Suenan las campanas.

---

13 **Las demás...** *the others a lot of embroidered lace and linen shirts, but only bread and grapes for inheritance*

14 **Te vas...** *you are going to strain your windpipe*

15 **¡Otra cosa...** *I used to strain something else!*

CRIADA	(*Llevando el canto.*) Tin, tin, tan. Tin, tin, tan.[16] ¡Dios lo haya perdonado!
MENDIGA	(*Con una niña.*) ¡Alabado sea Dios![17]
CRIADA	Tin, tin, tan. ¡Que nos espere muchos años! Tin, tin, tan.
MENDIGA	(*Fuerte con cierta irritación.*) ¡Alabado sea Dios!
CRIADA	(*Irritada.*) ¡Por siempre!
MENDIGA	Vengo por las sobras.

Cesan las campanas.

CRIADA	Por la puerta se va a la calle. Las sobras de hoy son para mí.
MENDIGA	Mujer, tú tienes quien te gane.[18] ¡Mi niña y yo estamos solas!
CRIADA	También están solos los perros y viven.
MENDIGA	Siempre me las dan.
CRIADA	Fuera de aquí. ¿Quién os dijo que entrarais? Ya me habéis dejado los pies señalados.[19] (*Se van. Limpia.*) 'Suelos barnizados° con aceite, alacenas, pedestales, camas de acero,° para que traguemos quina° las que vivimos en las chozas de tierra con un plato y una cuchara.[20] ¡Ojalá que un día no quedáramos ni uno para contarlo! (*Vuelven*

polished
floorssteel
quinine

---

16 La Criada imitates the sound of the bells
17 **Alabado sea...** *Praise be to God*
18 **Tú tienes...** *you have someone to provide for you*
19 **Ya me...** *you have left footprints on the floor*
20 **Para que...** *a bitter thing to swallow for those of us that live in earthen huts with a plate and a spoon*

a sonar las campanas.) Sí, sí, ¡vengan clamores! ¡venga caja con 'filos dorados° y toallas de seda° para llevarla!; ¡que lo mismo estarás tú que estaré yo! Fastídiate,° Antonio María Benavides, tieso° con tu 'traje de paño° y tus 'botas enterizas.° ¡Fastídiate! ¡Ya no volverás a levantarme las enaguas° detrás de la puerta de tu corral!

golden trim, silk

damn you
stiff, wool suit
high boots
underskirts

Por el fondo, de dos en dos, empiezan a entrar mujeres de luto° con pañuelos grandes, faldas y abanicos° negros. Entran lentamente hasta llenar la escena.

mourning
fans

CRIADA   (*La Criada, rompiendo a gritar.*) ¡Ay Antonio María Benavides, que ya no verás estas paredes, ni comerás el pan de esta casa! Yo fui la que más te quiso de las que te sirvieron. (*Tirándose del cabello.*) ¿Y he de vivir yo depués de haberte marchado?° ¿Y he de vivir? (*Terminan de entrar las doscientas mujeres y aparece Bernarda y sus cinco hijas. Bernarda viene apoyada en un bastón.*)

have left

BERNARDA   (*A la Criada.*) ¡Silencio!

CRIADA   (*Llorando.*) ¡Bernarda!

BERNARDA   Menos gritos y más obras. Debías haber procurado que todo esto estuviera más limpio para recibir al duelo.° Vete. No es éste tu lugar. (*La Criada se va sollozando.°*) Los pobres son como los animales. Parece como si estuvieran hechos de otras sustancias.

mourners
sobbing

MUJER 1   Los pobres sienten también sus penas.

BERNARDA   Pero las olvidan delante de un plato de garbanzos.

MUCHACHA 1: *(Con timidez.)* Comer es necesario para vivir.

BERNARDA   A tu edad no se habla delante de las personas mayores.

MUJER 1   Niña, cállate.

BERNARDA   No he dejado que nadie me dé lecciones. Sentarse. *(Se sientan. Pausa.) (Fuerte.)* Magdalena, no llores. Si quieres llorar te metes debajo de la cama. ¿Me has oído?

MUJER 2   *(A Bernarda.)* ¿Habéis empezado los trabajos en la era?

BERNARDA   Ayer.

MUJER 3   Cae el sol como plomo.²¹

MUJER 1   Hace años no he conocido calor igual.

Pausa. Se abanican todas.

BERNARDA   ¿Está hecha la limonada?

LA PONCIA   Sí, Bernarda. *(Sale con una gran bandeja° llena de jarritas° blancas, que distribuye.)*   tray / small pitchers

BERNARDA   Dale a los hombres.

LA PONCIA   La están tomando en el patio.

BERNARDA   Que salgan por donde han entrado. No quiero que pasen por aquí.

MUCHACHA   *(A Angustias.)* Pepe el Romano estaba con los hombres del duelo.

---

21 **Cae el...** *the sun is beating down like lead*

ANGUSTIAS	Allí estaba.
BERNARDA	Estaba su madre. Ella ha visto a su madre. A Pepe no lo ha visto ni ella ni yo.
MUCHACHA	Me pareció...
BERNARDA	Quien sí estaba era el viudo° de Darajalí. Muy cerca de tu tía. A ése lo vimos todas.

widower

MUJER 2	(*Aparte y en baja voz.*) ¡Mala, más que mala!
MUJER 3	(*Aparte y en baja voz.*) ¡'Lengua de cuchillo!°

sharp tongue

BERNARDA	Las mujeres en la iglesia no deben mirar más hombre que al oficiante, y a ése porque tiene faldas. Volver la cabeza es buscar el calor de la pana.²²
MUJER	(*En voz baja.*) ¡Vieja lagarta recocida!²³
LA PONCIA	(*Entre dientes.*) ¡Sarmentosa por calentura de varón!²⁴
BERNARDA	(*Dando un golpe de bastón° en el suelo.*) ¡Alabado sea Dios!

walking stick

TODAS	(*Santiguándose.°*) Sea por siempre bendito y alabado.

crossing themselves

BERNARDA	¡Descansa en paz con la 'santa compaña de cabecera!°

Heavenly Host

TODAS	¡Descansa en paz!

---

22 **Volver la...** *whoever looks is on the prowl for a man*
23 **Vieja lagarta...** *dried-up old lizard*
24 **¡Sarmentosa por...** *twisted up for want of a man*

BERNARDA	Con el ángel San Miguel y su espada justiciera
TODAS	¡Descansa en paz!
5 BERNARDA	Con la llave que todo lo abre y la mano que todo lo cierra.
TODAS	¡Descansa en paz!
10 BERNARDA	Con los bienaventurados° y las lucecitas del campo.
TODAS	¡Descansa en paz!
15 BERNARDA	Con nuestra santa caridad° y las almas de tierra y mar.
TODAS:	¡Descansa en paz!
20 BERNARDA	Concede el reposo a tu siervo° Antonio María Benavides y dale la corona de tu santa gloria.
TODAS	Amén.
25 BERNARDA	(*Se pone de pie y canta.*) *Réquiem aeternam dona eis, Domine.*
TODAS	(*De pie y cantando al modo gregoriano.*) *Et lux perpetua luceat eis.* (*Se santiguan.*)
30 MUJER 1	Salud para rogar° por su alma. (*Van desfilando.°*)
MUJER 3	No te faltará la 'hogaza de pan° caliente.
35 MUJER 2	Ni el techo para tus hijas.

Van desfilando todas por delante de Bernarda y saliendo. Sale Angustias por otra puerta, la que

Margin glosses:
blessed — line 10
charity — line 15
servant — line 20
pray, filing out — line 30
loaf of bread — line 33

da al patio.

Mujer 4	El mismo trigo de tu casamiento lo sigas disfrutando.[25]
La Poncia	(*Entrando con una bolsa.*) De parte de los hombres esta bolsa de dineros para responsos.
Bernarda	Dales las gracias y échales una copa de aguardiente.° — clear brandy
Muchacha:	(*A Magdalena.*) Magdalena...
Bernarda	(*A Magdalena, que inicia el llanto.*) Chisssss. (*Salen todas. Golpea con el bastón. A las que se han ido.*) ¡Andar a vuestras cuevas a criticar todo lo que habéis visto! Ojalá tardéis muchos años en volver a pasar el arco de mi puerta.
La Poncia	No tendrás queja° ninguna. Ha venido todo el pueblo. — complaint
Bernarda	Sí, para llenar mi casa con el sudor de sus refajos° y el veneno° de sus lenguas. — underskirts / venom
Amelia	¡Madre, no hable usted así!
Bernarda	Es así como se tiene que hablar en este maldito pueblo sin río, pueblo de pozos,° donde siempre se bebe el agua con el miedo de que esté envenenada.° — wells / poisoned
La Poncia	¡Cómo han puesto la solería!° — tile floor
Bernarda	Igual que si hubiera pasado por ella una 'manada de cabras.° (*La Poncia limpia el suelo.*) Niña, dame un abanico. — herd of goats

---

25 **El mismo...** *May you continue to reap the harvest of matrimony*

AMELIA	Tome usted. (*Le da un abanico redondo con flores rojas y verdes.*)
BERNARDA	(*Arrojando*° el abanico al suelo.) ¿Es éste el abanico que se da a una viuda? Dame uno negro y aprende a respetar el luto de tu padre.
MARTIRIO	Tome usted el mío.
BERNARDA	¿Y tú?
MARTIRIO	Yo no tengo calor.
BERNARDA	Pues busca otro, que te hará falta. En ocho años que dure el luto no ha de entrar en esta casa el viento de la calle. Haceros cuenta que hemos 'tapiado con ladrillos° puertas y ventanas. Así pasó en casa de mi padre y en casa de mi abuelo. Mientras, podéis empezar a bordaros el ajuar.²⁶ En el arca tengo veinte piezas de hilo con el que podréis cortar sábanas y embozos.° Magdalena puede bordarlas.
MAGDALENA	Lo mismo me da.
ADELA	(*Agria.*°) Si no queréis bordarlas irán sin bordados. Así las tuyas 'lucirán más.°
MAGDALENA	Ni las mías ni las vuestras. Sé que yo no me voy a casar. Prefiero llevar sacos al molino.° Todo menos estar sentada días y días dentro de esta sala oscura.
BERNARDA	Eso tiene ser mujer.

Right margin glosses:
- throwing (line 5)
- bricked up (line 17)
- coverlets (line 21)
- sourly (line 26)
- will look better (line 27)
- mill (line 30)

---

26 **Empezar a...** *to start embroidering the trousseau.* The trousseau refers to the traditional linens (curtains, bed sheets, etc...) that women were expected to provide to the household upon marrying

MAGDALENA   Malditas sean las mujeres.

BERNARDA   Aquí se hace lo que yo mando. Ya no puedes 'ir con el cuento° a tu padre. Hilo y aguja para las hembras. Látigo y mula para el varón.[27] Eso tiene la gente que nace con posibles.° (*Sale Adela.*)

go running to

means

VOZ   ¡Bernarda! ¡Déjame salir!

BERNARDA   (*En voz alta.*) ¡Dejadla ya! (*Sale la Criada.*)

CRIADA   Me ha costado mucho trabajo sujetarla.° A pesar de sus ochenta años tu madre es fuerte como un roble.°

hold her

oak

BERNARDA   Tiene a quien parecérsele.[28] Mi abuelo fue igual.

CRIADA   Tuve durante el duelo que taparle varias veces la boca con un costal° vacío porque quería llamarte para que le dieras agua de fregar siquiera para beber, y carne de perro, que es lo que ella dice que tú le das.

sack

MARTIRIO   ¡Tiene mala intención!

BERNARDA   (*A la Criada.*) Déjala que 'se desahogue° en el patio.

let off steam

CRIADA   Ha sacado del cofre° sus anillos y los pendientes de amatistas, se los ha puesto y me ha dicho que se quiere casar. (*Las hijas ríen.*)

jewelry box

BERNARDA   Ve con ella y ten cuidado que no se acerque al pozo.

CRIADA   No tengas miedo que se tire.

---

27 **Hilo y...** *needles and thread for females. Whips and mules for men*
28 **Tiene a...** *it runs in the family*

BERNARDA   No es por eso... Pero desde aquel sitio las vecinas
             pueden verla desde su ventana. (*Sale la Criada.*)

MARTIRIO   Nos vamos a cambiar la ropa.

BERNARDA   Sí, pero no el pañuelo de la cabeza. (*Entra Ade-
             la.*) ¿Y Angustias?

ADELA   ('*Con retintín.*°) La he visto asomada° a la rendi-   sarcastically, with her
             ja del portón.° Los hombres se acababan de ir.   head out, front door

BERNARDA   ¿Y tú a qué fuiste también al portón?

ADELA   Me llegué a ver si 'habían puesto las gallinas°   hens had laid eggs

BERNARDA   ¡Pero el duelo de los hombres habría salido ya!

ADELA   (*Con intención.*) Todavía estaba un grupo para-
             do por fuera.

BERNARDA   (*Furiosa.*) ¡Angustias! ¡Angustias!

ANGUSTIAS   (*Entrando.*) ¿Qué manda usted?

BERNARDA   ¿Qué mirabas y a quién?

ANGUSTIAS   A nadie.

BERNARDA   ¿Es decente que una mujer de tu clase vaya con
             el anzuelo° detrás de un hombre[29] el día de la   hook
             misa de su padre? ¡Contesta! ¿A quién mirabas?
             (*Pausa.*)

ANGUSTIAS   Yo...

BERNARDA   ¡Tú!

ANGUSTIAS   ¡A nadie!

---

29 **Vaya con...** *goes after a man*

BERNARDA	(*Avanzando con el bastón.*) ¡Suave! ¡Dulzarrona!° (*Le da.*)	honey-tongued
LA PONCIA	(*Corriendo.*) ¡Bernarda, cálmate! (*La sujeta.*)	
	(*Angustias llora.*)	
BERNARDA	¡Fuera de aquí todas! (*Salen.*)	
LA PONCIA	Ella lo ha hecho sin 'dar alcance° a lo que hacía, que está francamente mal. ¡Ya me chocó a mí verla escabullirse° hacia el patio! Luego estuvo detrás de una ventana oyendo la conversación que traían los hombres, que, como siempre, no se puede oír.³⁰	realizing, slip away
BERNARDA	¡A eso vienen a los duelos! (*Con curiosidad.*) ¿De qué hablaban?	
LA PONCIA	Hablaban de Paca la Roseta. Anoche ataron° a su marido a un pesebre° y a ella se la llevaron a la 'grupa del caballo° hasta lo alto del olivar.°	tied, manger, horseback, olive grove
BERNARDA	¿Y ella?	
LA PONCIA	Ella, tan conforme. Dicen que iba con los pechos° fuera y Maximiliano la llevaba cogida como si tocara la guitarra. ¡Un horror!	breasts
BERNARDA	¿Y qué pasó?	
LA PONCIA	Lo que tenía que pasar. Volvieron casi de día. Paca la Roseta traía el pelo suelto y una 'corona de flores° en la cabeza.	crown of flowers
BERNARDA	Es la única 'mujer mala° que tenemos en el pueblo.	loose woman

---

30 **No se...** *was not fit to be heard*

LA PONCIA	Porque no es de aquí. Es de muy lejos. Y los que fueron con ella son también hijos de forasteros.° Los hombres de aquí no son capaces de eso.

outsiders

5 BERNARDA	No, pero les gusta verlo y comentarlo, y 'se chupan los dedos° de que esto ocurra.

lick their fingers

LA PONCIA	Contaban muchas cosas más.

10 BERNARDA	(*Mirando a un lado y a otro con cierto temor.*) ¿Cuáles?

LA PONCIA	'Me da vergüenza° referirlas.

embarrasses me

15 BERNARDA	Y mi hija las oyó.

LA PONCIA	¡Claro!

BERNARDA	Ésa sale a sus tías; blancas y untuosas que ponían ojos de carnero al piropo de cualquier barberillo.[31]¡Cuánto hay que sufrir y luchar para hacer que las personas sean decentes y no 'tiren al monte° demasiado!

don't run wild

25 LA PONCIA	¡Es que tus hijas están ya en edad de merecer! Demasiada poca guerra te dan.[32] Angustias ya debe tener mucho más de los treinta.

BERNARDA	Treinta y nueve justos.

30 LA PONCIA	Figúrate.° Y no ha tenido nunca novio...

just imagine!

BERNARDA	(*Furiosa.*) ¡No, no ha tenido novio ninguna, ni les hace falta! Pueden pasarse muy bien.

---

31 **Esa sale...** *she is just like her aunts; white and greasy that casts sheep eyes at any little barber that flatters her*

32 **Es que...** *it's just that your daughters are already of age. They hardly give you any trouble*

LA PONCIA	No he querido ofenderte.

BERNARDA   No hay en cien leguas a la redonda quien se pueda acercar a ellas.[33] Los hombres de aquí no son
de su clase. ¿Es que quieres que las entregue° a   *give them away*
cualquier gañán?°   *laborer*

LA PONCIA   Debías haberte ido a otro pueblo.

BERNARDA   Eso, ¡a venderlas!

LA PONCIA   No, Bernarda, a cambiar... ¡Claro que en otros
sitios ellas resultan las pobres!

BERNARDA   ¡Calla esa lengua atormentadora!°   *tormenting*

LA PONCIA   Contigo no se puede hablar. ¿Tenemos o no tenemos confianza?

BERNARDA   No tenemos. Me sirves y te pago. ¡Nada más!

CRIADA   (*Entrando.*) Ahí está don Arturo, que viene a
arreglar las particiones.[34]

BERNARDA   Vamos. (*A la Criada.*) Tú empieza a blanquear°   *whitewash*
el patio. (*A la Poncia.*) Y tú ve guardando en el
arca grande toda la ropa del muerto.

LA PONCIA   Algunas cosas las podríamos dar...

BERNARDA   Nada. ¡Ni un botón! ¡Ni el pañuelo con que le
hemos tapado la cara! (*Sale lentamente apoyada°*   *leaning*
en el bastón y al salir vuelve la cabeza y mira a sus
criadas. Las criadas salen después.)

---

33 **No hay...** *nobody within a hundred league radius can get measure up
to them*

34 **A arreglar...** *to sort out the inheritance*

Entran Amelia y Martirio.

AMELIA   ¿Has tomado la medicina?

5   MARTIRIO   ¡Para lo que me va a servir!

AMELIA   Pero la has tomado.

MARTIRIO   Yo hago las cosas sin fe, pero como un reloj.°   clock

10 AMELIA   Desde que vino el médico nuevo estás más ani-
           mada.

MARTIRIO   Yo me siento lo mismo.

15 AMELIA   ¿Te fijaste? Adelaida no estuvo en el duelo.

MARTIRIO   Ya lo sabía. Su novio no la deja salir ni al tranco°   threshold
           de la calle. Antes era alegre; ahora ni polvos se
20   echa en la cara.

AMELIA   Ya no sabe una si es mejor tener novio o no.

MARTIRIO   Es lo mismo.

25 AMELIA   De todo tiene la culpa esta crítica que no nos
           deja vivir. Adelaida habrá pasado mal rato.

MARTIRIO   Le tienen miedo a nuestra madre. Es la única que
30   conoce la historia de su padre y el origen de sus
           tierras. Siempre que viene le tira puñaladas con
           el asunto.³⁵ Su padre mató en Cuba al marido
           de su primera mujer para casarse con ella, luego
           aquí la abandonó y se fue con otra que tenía una
35   hija y luego tuvo relaciones con esta muchacha,
           la madre de Adelaida, y se casó con ella después
           de haber muerto loca la segunda mujer.

---

35 **Le tira…** *she twists the knife around in the wound*

AMELIA Y ese infame,° ¿por qué no está en la cárcel?   odious person

MARTIRIO Porque los hombres se tapan° unos a otros las cover up
cosas de esta índole° y nadie es capaz de delatar.° nature, denounce

AMELIA Pero Adelaida no tiene culpa de esto.

MARTIRIO No, pero las cosas se repiten. Y veo que todo es
una terrible repetición. Y ella tiene el mismo
sino° de su madre y de su abuela, mujeres las dos fate
del que la engendró.[36]

AMELIA ¡Qué cosa más grande!

MARTIRIO Es preferible no ver a un hombre nunca. Desde
niña les tuve miedo. Los veía en el corral uncir° yoke
los bueyes y levantar los costales de trigo entre
voces y zapatazos,° y siempre tuve miedo de cre- stomping
cer° por temor de encontrarme de pronto abra- grow up
zada por ellos. Dios me ha hecho débil y fea y
'los ha apartado° definitivamente de mí. has kept them away

AMELIA ¡Eso no digas! Enrique Humanes estuvo detrás
de ti y le gustabas.

MARTIRIO ¡Invenciones de la gente! Una vez estuve en ca-
misa° detrás de la ventana hasta que fue de día, nightgown
porque me avisó con la hija de su gañán que iba a
venir[37], y no vino. Fue todo cosa de lenguas. Luego se casó con otra que tenía más que yo.

AMELIA ¡Y fea como un demonio!

MARTIRIO ¡Qué les importa a ellos la fealdad! A ellos les
importa la tierra, las yuntas° y una perra sumisa mules

---

36 **Mujeres las...** *both wives to the man who fathered her*

37 **Porque me...** *because he told his workman's daughter that he was
going to stop by, but he never did*

que les dé de comer.

AMELIA   ¡Ay! (*Entra Magdalena.*)

MAGDALENA   ¿Qué hacéis?

MARTIRIO   Aquí.

AMELIA   ¿Y tú?

MAGDALENA   Vengo de correr las cámaras.[38] Por andar un poco. De ver los cuadros bordados en cañamazo° de nuestra abuela, el 'perrito de lanas° y el negro luchando con el león, que tanto nos gustaba de niñas. Aquélla era una época más alegre. Una boda duraba diez días y no se usaban las malas lenguas. Hoy hay más finura.° Las novias se ponen velo blanco como en las poblaciones, y se bebe vino de botella, pero nos pudrimos° por el 'qué dirán.°

MARTIRIO   ¡Sabe Dios lo que entonces pasaría!

AMELIA   (*A Magdalena.*) Llevas desabrochados° los cordones de un zapato.

MAGDALENA   ¡Qué más da!

AMELIA   ¡Te los vas a pisar y te vas a caer!

MAGDALENA   ¡Una menos!

MARTIRIO   ¿Y Adela?

MAGDALENA   ¡Ah! Se ha puesto el traje verde que se hizo para estrenar° el día de su cumpleaños, se ha ido al corral y ha comenzado a voces: "¡Gallinas, gallinas, miradme!" ¡Me he tenido que reír!

---

38 **Vengo de...** *I just walked through the rooms*

AMELIA	¡Si la hubiera visto madre!
MAGDALENA	¡Pobrecilla! Es la más joven de nosotras y tiene ilusión. ¡Daría algo por verla feliz!

Pausa. Angustias cruza la escena con unas toallas en la mano.

ANGUSTIAS	¿Qué hora es?
MAGDALENA	Ya deben ser las doce.
ANGUSTIAS	¿Tanto?
AMELIA	¡Estarán al caer!° *it's about to strike*

Sale Angustias.

MAGDALENA	(*Con intención.*) ¿Sabéis ya la cosa...? (*Señalando a Angustias.*)
AMELIA	No.
MAGDALENA	¡Vamos!
MARTIRIO	¡No sé a qué cosa te refieres...!
MAGDALENA	Mejor que yo lo sabéis las dos. Siempre cabeza con cabeza como dos ovejitas,° pero sin desahogaros con nadie.[39] ¡Lo de Pepe el Romano! *little sheep*
MARTIRIO	¡Ah!
MAGDALENA	(*Remedándola.*°) ¡Ah! Ya se comenta por el pueblo. Pepe el Romano viene a casarse con Angustias. Anoche estuvo rondando° la casa y creo que pronto va a mandar un emisario. *making fun of her* *hanging around*

---

39 **Pero sin...** *but you never tell anybody anything*

MARTIRIO	¡Yo me alegro! Es buen hombre.

AMELIA   Yo también. Angustias tiene buenas condicio-
                nes.⁴⁰

MAGDALENA   Ninguna de las dos os alegráis.

MARTIRIO   ¡Magdalena! ¡Mujer!

MAGDALENA   Si viniera por el tipo de Angustias, por Angus-
                tias como mujer, yo me alegraría, pero viene por
                el dinero. Aunque Angustias es nuestra herma-
                na aquí estamos en familia y reconocemos que
                está vieja, enfermiza,° y que siempre ha sido la   sickly
                que ha tenido menos méritos de todas nosotras,
                porque si con veinte años parecía un palo° vesti-   stick
                do, ¡qué será ahora que tiene cuarenta!

MARTIRIO   No hables así. La suerte viene a quien menos 'la
                aguarda.°   awaits it

AMELIA   ¡Después de todo dice la verdad! Angustias tie-
                ne el dinero de su padre, es la única rica de la
                casa y por eso ahora, que nuestro padre ha muer-
                to y ya se harán particiones,⁴¹ vienen por ella!

MAGDALENA   Pepe el Romano tiene veinticinco años y es el
                'mejor tipo° de todos estos contornos.° Lo na-   best looking, surround-
                tural sería que te pretendiera° a ti, Amelia, o a   ings; court
                nuestra Adela, que tiene veinte años, pero no
                que venga a buscar lo más oscuro de esta casa,
                a una mujer que, como su padre 'habla con la
                nariz.°   talks through her nose

MARTIRIO   ¡Puede que a él le guste!

---

40 **Tiene buenas...** *has some good qualities*
41 **Se harán...** *will divide up his estate*

MAGDALENA   ¡Nunca he podido resistir tu hipocresía!

MARTIRIO   ¡'Dios nos valga!°   heaven help us!

             Entra Adela.

MAGDALENA   ¿Te han visto ya las gallinas?

ADELA   ¿Y qué querías que hiciera?

AMELIA   ¡Si te ve nuestra madre 'te arrastra del pelo!° drag you by your hair

ADELA   'Tenía mucha ilusión° con el vestido. Pensaba   I was so delighted
             ponérmelo el día que vamos a comer sandías° a   watermelons
             la noria.° No hubiera habido otro igual.   waterwheel

MARTIRIO   ¡Es un vestido precioso!

ADELA   Y me está muy bien. Es lo que mejor ha cortado
             Magdalena.

MAGDALENA   ¿Y las gallinas qué te han dicho?

ADELA   Regalarme° 'unas cuantas pulgas° que me han   gave me, a few fleas
             acribillado° las piernas. (*Ríen.*)   bombarded

MARTIRIO   Lo que puedes hacer es teñirlo° de negro.   dye it

MAGDALENA   Lo mejor que puedes hacer es regalárselo a An-
             gustias para la boda con Pepe el Romano.

ADELA   (*Con emoción contenida.*) ¡Pero Pepe el Roma-
             no...!

AMELIA   ¿No lo has oído decir?

ADELA   No.

MAGDALENA   ¡Pues ya lo sabes!

ADELA   ¡Pero si no puede ser!

5   MAGDALENA   ¡El dinero lo puede todo!⁴²

ADELA   ¿Por eso ha salido detrás del duelo y estuvo mirando por el portón? (*Pausa.*) Y ese hombre es capaz de...

10

MAGDALENA   Es capaz de todo. (*Pausa.*)

MARTIRIO   ¿Qué piensas, Adela?

15   ADELA   Pienso que este luto me ha cogido en la peor época de mi vida para pasarlo.

MAGDALENA   Ya te acostumbrarás.⁴³

20   ADELA   (*Rompiendo a llorar con ira.*°) ¡No, no me acostumbraré! Yo no quiero estar encerrada. No quiero que se me pongan las carnes como a vosotras. ¡No quiero perder mi blancura en estas habitaciones! ¡Mañana me pondré mi vestido verde y me echaré a pasear por la calle! ¡Yo quiero salir! (*Entra la Criada.*)   anger

25

MAGDALENA   (*Autoritaria.*) ¡Adela!

30   CRIADA   ¡La pobre! ¡Cuánto ha sentido a su padre!⁴⁴ (*Sale.*)

MARTIRIO   ¡Calla!°   be quiet

35   AMELIA   Lo que sea de una será de todas. (*Adela se cal-*

---

42   **¡El dinero...** *money can do anything*
43   **Ya te...** *you will get used to it soon*
44   **¡Cuánto ha...** *how she misses her father*

ma.)

MAGDALENA   Ha estado a punto de oírte la criada.

CRIADA   (*Apareciendo.*) Pepe el Romano viene por lo alto de la calle. (*Amelia, Martirio y Magdalena corren presurosas.°*)   quickly

MAGDALENA   ¡Vamos a verlo! (*Salen rápidas.*)

CRIADA   (*A Adela.*) ¿Tú no vas?

ADELA   No me importa.

CRIADA   Como dará la vuelta a la esquina, desde la ventana de tu cuarto se verá mejor. (*Sale la Criada.*) (*Adela queda en escena dudando. Después de un instante se va también rápida hacia su habitación. Salen Bernarda y la Poncia.*)

BERNARDA   ¡Malditas particiones!

LA PONCIA   ¡Cuánto dinero le queda a Angustias!

BERNARDA   Sí.

LA PONCIA   Y a las otras, bastante menos.

BERNARDA   Ya me lo has dicho tres veces y no te he querido replicar.° Bastante menos, mucho menos. No me lo recuerdes más. (*Sale Angustias 'muy compuesta de cara.°*)   reply   heavily made up

BERNARDA   ¡Angustias!

ANGUSTIAS   Madre.

BERNARDA   ¿Pero has tenido valor de echarte polvos en la

cara? ¿Has tenido valor de lavarte la cara el día de la misa de tu padre?

ANGUSTIAS   No era mi padre. El mío murió hace tiempo. ¿Es que ya no lo recuerda usted?

BERNARDA   ¡Más debes a este hombre, padre de tus hermanas, que al tuyo! Gracias a este hombre tienes colmada tu fortuna.[45]

ANGUSTIAS   ¡Eso lo teníamos que ver!

BERNARDA   ¡Aunque fuera por decencia! ¡Por respeto!

ANGUSTIAS   Madre, déjeme usted salir.

BERNARDA   ¿Salir? Después que te hayas quitado esos polvos de la cara. ¡Suavona! ¡Yeyo! ¡Espejo de tus tías![46] (*Le quita violentamente con su pañuelo los polvos.*) ¡Ahora vete!

LA PONCIA   ¡Bernarda, no seas tan inquisitiva!

BERNARDA   Aunque mi madre esté loca yo estoy con mis cinco sentidos y sé perfectamente lo que hago. (*Entran todas.*)

MAGDALENA   ¿Qué pasa?

BERNARDA   No pasa nada.

MAGDALENA   (*A Angustias.*) Si es que discutís por las particiones, tú, que eres la más rica, te puedes quedar con todo.

ANGUSTIAS   ¡Guárdate la lengua en la madriguera![47]

---

45 **Tienes colmada...** *your fortune is assured*
46 **¡Suavona! ¡Yeyo...** *Spineless! Hussy! The spitting image of your aunts*
47 **¡Guárdate la...** *put your tongue back in its hole*

BERNARDA (*Golpeando con el bastón en el suelo.*) ¡No os hagáis ilusiones de que vais a poder conmigo. ¡Hasta que salga de esta casa con los pies adelante mandaré en lo mío y en lo vuestro! (*Se oyen unas voces y entra en escena María Josefa, la madre de Bernarda, viejísima, ataviada° con flores en la cabeza y en el pecho.*)

dressed up

MARÍA JOSEFA Bernarda, ¿dónde está mi mantilla? Nada de lo que tengo quiero que sea para vosotras, ni mis anillos, ni mi traje negro de moaré, porque ninguna de vosotras se va a casar. ¡Ninguna! ¡Bernarda, dame mi gargantilla° de perlas!

necklace

BERNARDA (*A la Criada.*) ¿Por qué la habéis dejado entrar?

CRIADA (*Temblando.*) ¡Se me escapó!

MARÍA JOSEFA Me escapé porque me quiero casar, porque quiero casarme con un varón° hermoso de 'la orilla del mar,° ya que aquí los hombres huyen° de las mujeres.

male
seashore, flee

BERNARDA ¡Calle usted, madre!

MARÍA JOSEFA No, no callo. No quiero ver a estas mujeres solteras, 'rabiando por° la boda, haciéndose polvo el corazón,[48] y yo me quiero ir a mi pueblo. ¡Bernarda, yo quiero un varón para casarme y para tener alegría!

longing for

BERNARDA ¡Encerradla!

MARÍA JOSEFA ¡Déjame salir, Bernarda! (*La Criada coge a María Josefa.*)

BERNARDA ¡Ayudarla vosotras! (*Todas arrastran a la vieja.*)

---

48 **Haciéndose polvo...** *letting their hearts turn to dust*

MARÍA JOSEFA ¡Quiero irme de aquí! ¡Bernarda! ¡A casarme a
la orilla del mar, a la orilla del mar!

TELÓN RÁPIDO

Acto segundo

Habitación blanca del interior de la casa de Bernarda. Las puertas
de la izquierda dan a los dormitorios. Las hijas de Bernarda están
sentadas en sillas bajas, cosiendo.° Magdalena borda. Con ellas está   sewing
la Poncia.

ANGUSTIAS   Ya he cortado la tercera sábana.

MARTIRIO   Le corresponde a Amelia.

MAGDALENA   Angustias, ¿pongo también las iniciales de Pepe?

ANGUSTIAS   (*Seca.*) No.

MAGDALENA   (*A voces.*) Adela, ¿no vienes?

AMELIA   'Estará echada° en la cama.   she must be lying down

LA PONCIA   Ésa tiene algo. La encuentro sin sosiego, temblona, asustada, como si tuviera una lagartija entre
los pechos.¹

MARTIRIO   No tiene ni más ni menos que lo que tenemos
todas.

MAGDALENA   Todas, menos Angustias.

ANGUSTIAS   Yo me encuentro bien, y al que le duela que re-
viente.°   bursts

MAGDALENA   Desde luego hay que reconocer que lo mejor

---

1 **La encuentro...** *she is restless, trembling, scared, as if she had a small*
lizard in between her breasts

que has tenido siempre ha sido el talle° y la deli-   figure
cadeza.°   sensitivity

ANGUSTIAS   Afortunadamente pronto voy a salir de este infierno.°   hell

MAGDALENA   ¡A lo mejor no sales!

MARTIRIO   ¡Deja esa conversación!

ANGUSTIAS   Y, además, ¡más vale onza en el arca que ojos negros en la cara!²

MAGDALENA   Por un oído° me entra y por otro me sale.   ear

AMELIA   (*A la Poncia.*) Abre la puerta del patio a ver si
nos entra un poco el fresco. (*La Poncia lo hace.*)

MARTIRIO   Esta noche pasada no me podía quedar dormida
del calor.

AMELIA   ¡Yo tampoco!

MAGDALENA   Yo me levanté a refrescarme.° Había un 'nublo   cool down
negro de tormenta° y hasta cayeron algunas go-   storm cloud
tas.°   raindrops

LA PONCIA   Era la una de la madrugada y salía fuego de la
tierra.³ También me levanté yo. Todavía estaba
Angustias con Pepe en la ventana.

MAGDALENA   (*Con ironía.*) ¿Tan tarde? ¿A qué hora se fue?

ANGUSTIAS   Magdalena, ¿a qué preguntas, si lo viste?

---

2   **¡Más vale…** *an ounce of gold in the coffers is worth more than dark eyes*
3   **Era la…** *it was one o'clock in the morning and fire seemed to come out
of the earth*

AMELIA	Se iría a eso de la una y media.
ANGUSTIAS	Sí. ¿Tú por qué lo sabes?
AMELIA	Lo sentí toser° y oí los pasos de su jaca.°

cough, pony

LA PONCIA	¡Pero si yo lo sentí marchar a eso de las cuatro!
ANGUSTIAS	¡No sería él!
LA PONCIA	¡Estoy segura!
AMELIA	A mí también me pareció...
MAGDALENA	¡Qué cosa más rara! (*Pausa.*)
LA PONCIA	Oye, Angustias, ¿qué fue lo que te dijo la primera vez que se acercó a tu ventana?
ANGUSTIAS	Nada. ¡Qué me iba a decir? Cosas de conversación.
MARTIRIO	Verdaderamente es raro que dos personas que no se conocen se vean de pronto en una reja° y ya novios.

window grille

ANGUSTIAS	Pues 'a mí no me chocó.°

it didn't shock me

AMELIA	A mí me daría no sé qué.[4]
ANGUSTIAS	No, porque cuando un hombre se acerca a una reja ya sabe por los que van y vienen, llevan y traen, que se le va a decir que sí.[5]
MARTIRIO	Bueno, pero él te lo tendría que decir.

---

4 **A mí...** *I'd feel very strange about it*

5 **Cuando un...** *when a man comes to your window he already knows, from all of the busybodies around, that you will say "yes"*

ANGUSTIAS	¡Claro!
AMELIA	(*Curiosa.*) ¿Y cómo te lo dijo?
5 ANGUSTIAS	Pues, nada: "Ya sabes que ando detrás de ti, necesito una mujer buena, modosa,° y ésa eres tú, si well-mannered me das la conformidad."
AMELIA	¡A mí me da vergüenza de estas cosas!
10 ANGUSTIAS	Y a mí, ¡pero hay que pasarlas!
LA PONCIA	¿Y habló más?
15 ANGUSTIAS	Sí, siempre habló él.
MARTIRIO	¿Y tú?
ANGUSTIAS	Yo no hubiera podido. Casi se me salía el corazón por la boca. Era la primera vez que estaba sola de noche con un hombre.
MAGDALENA	Y un hombre tan guapo.
25 ANGUSTIAS	No tiene mal tipo.[6]
LA PONCIA	Esas cosas pasan entre personas 'ya un poco instruidas,° que hablan y dicen y mueven la mano... with some experience La primera vez que mi marido Evaristo el Colorín vino a mi ventana... ¡Ja, ja, ja!
AMELIA	¿Qué pasó?
LA PONCIA	Era muy oscuro. Lo vi acercarse y, al llegar, me dijo: "Buenas noches." "Buenas noches", le dije yo, y nos quedamos callados más de media hora. Me corría el sudor por todo el cuerpo. Entonces

---

6 **No tiene...** *he's not bad looking*

Evaristo se acercó, se acercó que se quería meter por los hierros,° y dijo con voz muy baja: "¡'Ven que te tiente!°" (*Ríen todas. Amelia se levanta corriendo y espía° por una puerta.*)   iron bars / let me touch you / peers

AMELIA   ¡Ay! Creí que llegaba nuestra madre.

MAGDALENA   ¡Buenas nos hubiera puesto!⁷ (*Siguen riendo.*)

AMELIA   Chisst... ¡Que nos va a oír!

LA PONCIA   Luego se portó bien. En vez de darle por otra cosa, le dio por 'criar colorines° hasta que murió. A vosotras, que sois solteras, os conviene saber de todos modos que el hombre a los quince días de boda deja la cama por la mesa, y luego la mesa por la tabernilla. Y la que no se conforma se pudre llorando en un rincón.   breed gold finches

AMELIA   Tú te conformaste.

LA PONCIA   ¡Yo pude con él!

MARTIRIO   ¿Es verdad que 'le pegaste° algunas veces?   you hit him

LA PONCIA   Sí, y por poco lo dejo tuerto.°   one-eyed

MAGDALENA   ¡Así debían ser todas las mujeres!

LA PONCIA   Yo tengo la escuela de tu madre. Un día me dijo no sé qué cosa y le maté todos los colorines con la mano del almirez.° (*Ríen.*)   cooking mortar

MAGDALENA   Adela, niña, no te pierdas esto.

AMELIA   Adela.

---

7 **¡Buenas nos...** *she would have really given it to us*

Pausa.

MAGDALENA   ¡Voy a ver! (*Entra.*)

5 LA PONCIA   ¡Esa niña está mala!

MARTIRIO   Claro, ¡'no duerme apenas!°   she hardly sleeps

LA PONCIA   Pues, ¿qué hace?

10 MARTIRIO   ¡Yo qué sé lo que hace!

LA PONCIA   Mejor lo sabrás tú que yo, que duermes pared
por medio.[8]

15 ANGUSTIAS   La envidia° la come.   envy

AMELIA   No exageres.

20 ANGUSTIAS   Se lo noto en los ojos. Se le está poniendo mirar
de loca.°   crazy woman

MARTIRIO   No habléis de locos. Aquí es el único sitio donde
no se puede pronunciar esta palabra.

25   *Sale Magdalena con Adela.*

MAGDALENA   Pues, ¿no estabas dormida?

30 ADELA   Tengo mal cuerpo.

MARTIRIO   (*Con intención.*) ¿Es que no has dormido bien
esta noche?

35 ADELA   Sí.

MARTIRIO   ¿Entonces?

8 **Que duermes...** *you sleep with just a wall between you*

ADELA   (*Fuerte.*) ¡Déjame ya! ¡Durmiendo o velando, no tienes por qué meterte en lo mío![9] ¡Yo hago con mi cuerpo lo que me parece!

MARTIRIO   ¡Sólo es interés por ti!

ADELA   Interés o inquisición. ¿No estabais cosiendo? Pues seguir. ¡Quisiera ser invisible, pasar por las habitaciones sin que me preguntarais dónde voy!

CRIADA   (*Entra.*) Bernarda os llama. Está el hombre de los encajes.° (*Salen.*) (*Al salir, Martirio mira fijamente a Adela.*)   lace

ADELA   ¡No me mires más! Si quieres te daré mis ojos, que son frescos, y mis espaldas, para que te compongas la joroba° que tienes, pero vuelve la cabeza cuando yo pase. (*Se va Martirio.*)   hump

LA PONCIA   ¡Adela, que es tu hermana, y además la que más te quiere!

ADELA   Me sigue a todos lados. A veces se asoma a mi cuarto para ver si duermo. No me deja respirar.° Y siempre: «¡Qué lástima de cara! ¡Qué lástima de cuerpo, que no va a ser para nadie!» ¡Y eso no! Mi cuerpo será de quien yo quiera!   breathe

LA PONCIA   (*Con intención y en voz baja.*) De Pepe el Romano, ¿no es eso?

ADELA   (*Sobrecogida.*) ¿Qué dices?

LA PONCIA   ¡Lo que digo, Adela!

---

9 **No tienes…** *it's none of your business*

ADELA	¡Calla!
LA PONCIA	(*Alto.*) ¿Crees que no me he fijado?[10]
5 ADELA	¡Baja la voz!
LA PONCIA	¡Mata esos pensamientos!
ADELA	¿Qué sabes tú?
10 LA PONCIA	Las viejas vemos a través de las paredes. ¿Dónde vas de noche cuando te levantas?
ADELA	¡'Ciega debías estar!° I wish you were blind
15 LA PONCIA	Con la cabeza y las manos llenas de ojos cuando se trata de lo que se trata.[11] Por mucho que pienso no sé lo que te propones. ¿Por qué te pusiste casi desnuda con la luz encendida y la ventana abierta al pasar Pepe el segundo día que vino a hablar con tu hermana?
20	
ADELA	¡Eso no es verdad!
25 LA PONCIA	¡No seas como los niños chicos! Deja en paz a tu hermana y si Pepe el Romano te gusta te aguantas. (*Adela llora.*) Además, ¿quién dice que no te puedas casar con él? Tu hermana Angustias es una enferma. Ésa no resiste el primer parto.° birth
30	estrecha de cintura, vieja, y con mi conocimiento te digo que se morirá. Entonces Pepe hará lo que hacen todos los viudos de esta tierra: se casará con la más joven, la más hermosa, y ésa eres tú. Alimenta° esa esperanza, olvídalo. Lo que nurture
35	quieras, pero no vayas contra la ley de Dios.

---

10 **¿Crees que...** *do you think that I haven't noticed*
11 **Con la...** *my head and hands are full of eyes when something like this is concerned*

ADELA	¡Calla!
LA PONCIA	¡No callo!
ADELA	Métete en tus cosas, ¡oledora!° ¡pérfida!° snooper, traitor
LA PONCIA	¡Sombra tuya he de ser!¹²
ADELA	En vez de limpiar la casa y acostarte para rezar a tus muertos, buscas como una 'vieja marrana° filthy sow asuntos de hombres y mujeres para 'babosear en ellos.° slobber over them
LA PONCIA	¡Velo!° Para que las gentes no escupan al pasar I keep watch por esta puerta.
ADELA	¡Qué cariño° tan grande te ha entrado de pronto affection por mi hermana!
LA PONCIA	No os tengo ley a ninguna, pero quiero vivir en casa decente. ¡No quiero mancharme° de vieja! disgrace myself
ADELA	Es inútil tu consejo. Ya es tarde. No por encima de ti, que eres una criada, por encima de mi madre saltaría para apagarme este fuego que tengo levantado por piernas y boca.¹³ ¿Qué puedes decir de mí? Que me encierro en mi cuarto y no abro la puerta? ¿Que no duermo? ¡Soy más lista que tú! Mira a ver si puedes 'agarrar la liebre° grab the hare con tus manos.
LA PONCIA	'No me desafíes.° ¡Adela, no me desafíes! Porque don't defy me yo puedo dar voces, encender luces y hacer que toquen las campanas.

---

12 **¡Sombra tuya...** *I'm going to be your shadow*
13 **Por encima...** *I would jump over my mother to put out this fire in my legs and mouth*

ADELA	Trae cuatro mil 'bengalas amarillas° y ponlas en las bardas° del corral. Nadie podrá evitar que suceda lo que tiene que suceder.

> yellow flares
> fences

LA PONCIA	¡Tanto te gusta ese hombre!

ADELA	¡Tanto! Mirando sus ojos me parece que bebo su sangre° lentamente.

> blood

LA PONCIA	Yo no te puedo oír.

ADELA	¡Pues me oirás! Te he tenido miedo. ¡Pero ya soy más fuerte que tú! (*Entra Angustias.*)

ANGUSTIAS	¡Siempre discutiendo!°

> arguing

LA PONCIA	Claro, 'se empeña° en que, con el calor que hace, vaya a traerle no sé qué cosa de la tienda.

> insists

ANGUSTIAS	¿Me compraste el bote de esencia?

LA PONCIA	El más caro. Y los polvos. En la mesa de tu cuarto los he puesto. (*Sale Angustias.*)

ADELA	¡Y chitón!°

> not a word!

LA PONCIA	¡Lo veremos! (*Entran Martirio, Amelia y Magdalena.*)

MAGDALENA	(*A Adela.*) ¿Has visto los encajes?

AMELIA	Los de Angustias para sus sábanas de novia son preciosos.

ADELA	(*A Martirio, que trae unos encajes.*) ¿Y éstos?

MARTIRIO	Son para mí. Para una camisa.

ADELA   (*Con sarcasmo.*) ¡Se necesita buen humor!

MARTIRIO   (*Con intención.*) Para verlos yo. No necesito lu-
                cirme ante nadie.[14]

LA PONCIA   Nadie la ve a una en camisa.

MARTIRIO   (*Con intención y mirando a Adela.*) ¡A veces!
                Pero me encanta la ropa interior. Si fuera rica la
                tendría de holanda.° Es uno de los pocos gustos   Holland cloth
                que me quedan.

LA PONCIA   Estos encajes son preciosos para las gorras° de   caps
                niño, para 'mantehuelos de cristianar.° Yo nunca   christening gowns
                pude usarlos en los míos. A ver si ahora Angus-
                tias los usa en los suyos. Como le dé por tener
                crías° vais a estar cosiendo mañana y tarde.   children

MAGDALENA   Yo no pienso dar una puntada.°   stitch

AMELIA   Y mucho menos cuidar niños ajenos.[15] Mira tú
                cómo están las vecinas del callejón,° sacrificadas   alley
                por cuatro monigotes.°   twerps

LA PONCIA   Ésas están mejor que vosotras. ¡Siquiera allí se
                ríe y se oyen porrazos!°   loud noises

MARTIRIO   Pues vete a servir con ellas.

LA PONCIA   No. ¡Ya me ha tocado en suerte este convento!
                (*Se oyen unos campanillos° lejanos, como a través*   small bells
                de varios muros.)

MAGDALENA   Son los hombres que vuelven al trabajo.

LA PONCIA   Hace un minuto dieron las tres.

---

14 **No necesito...** *I don't need to show myself off to anyone*
15 **Criar niños...** *to raise someone else's children*

MARTIRIO   ¡Con este sol!

ADELA   (*Sentándose.*) ¡Ay, quién pudiera salir también a
                  los campos!

MAGDALENA   (*Sentándose.*) ¡Cada clase tiene que hacer lo
                  suyo!

MARTIRIO   (*Sentándose.*) ¡Así es!

AMELIA   (*Sentándose.*) ¡Ay!

LA PONCIA   No hay alegría como la de los campos en esta
                  época. Ayer de mañana llegaron los segadores.°   harvesters
                  Cuarenta o cincuenta 'buenos mozos.°   handsome young men

MAGDALENA   ¿De dónde son este año?

LA PONCIA   De muy lejos. Vinieron de los montes. ¡Alegres!
                  ¡Como 'árboles quemados!° ¡Dando voces y   burnt trees
                  arrojando piedras! Anoche llegó al pueblo una
                  mujer vestida de lentejuelas° y que bailaba con   sequins
                  un acordeón, y quince de ellos la contrataron
                  para llevársela al olivar. Yo los vi de lejos. El que
                  la contrataba era un muchacho de ojos verdes,
                  apretado como una gavilla de trigo.[16]

AMELIA   ¿Es eso cierto?

ADELA   ¡Pero es posible!

LA PONCIA   Hace años vino otra de éstas y yo misma di dine-
                  ro a mi hijo mayor para que fuera. Los hombres
                  necesitan estas cosas.

ADELA   Se les perdona todo.

---

16 **Apretado como...** *as lean as a sheaf of wheat*

AMELIA	Nacer mujer es el mayor castigo.

MAGDALENA Y ni nuestros ojos siquiera nos pertenecen. (*Se oye un canto lejano que se va acercando.*)

LA PONCIA Son ellos. Traen unos cantos° preciosos.   songs

AMELIA Ahora salen a segar.°   to reap

CORO
Ya salen los segadores
en busca de las espigas°;   ear of wheat
se llevan los corazones
de las muchachas que miran.

Se oyen panderos° y carrañacas.° Pausa. Todas   tamborines, ratchets
oyen en un silencio traspasado por el sol.

AMELIA ¡Y no les importa el calor!

MARTIRIO Siegan entre llamaradas.°   flames

ADELA Me gustaría poder segar para ir y venir. Así se olvida lo que nos muerde.[17]

MARTIRIO ¿Qué tienes tú que olvidar?

ADELA Cada una sabe sus cosas.

MARTIRIO (*Profunda.*) ¡Cada una!

LA PONCIA ¡Callar! ¡Callar!

CORO
(*Muy lejano.*) Abrir puertas y ventanas
las que vivís en el pueblo;
el segador pide rosas
para adornar su sombrero.

---

17 **Me gustaría...** *I would like to be a reaper so that I could come and go as I pleased. That way I would forget what is gnawing at us*

LA PONCIA   ¡Qué canto!

MARTIRIO   (*Con nostalgia.*) Abrir puertas y ventanas las que vivís en el pueblo...

ADELA   (*Con pasión.*) El segador pide rosas para adornar su sombrero. (*Se va alejando el cantar.*)

LA PONCIA   Ahora dan la vuelta a la esquina.

ADELA   Vamos a verlos por la ventana de mi cuarto.

LA PONCIA   Tened cuidado con no entreabrirla mucho, porque son capaces de dar un empujón° para ver   shove quién mira. (*Se van las tres. Martirio queda sentada en la silla baja con la cabeza entre las manos.*)

AMELIA   (*Acercándose.*) ¿Qué te pasa?

MARTIRIO   Me sienta mal el calor.[18]

AMELIA   ¿No es más que eso?

MARTIRIO   Estoy deseando que llegue noviembre, los días de lluvia, la escarcha°; todo lo que no sea este   frost verano interminable.

AMELIA   Ya pasará y volverá otra vez.

MARTIRIO   ¡Claro! (*Pausa.*) ¿A qué hora te dormiste anoche?

AMELIA   No sé. Yo duermo como un tronco.[19] ¿Por qué?

MARTIRIO   Por nada, pero me pareció oír gente en el corral.

---

18 **Me sienta...** *the heat makes me feel bad*
19 **Yo duermo...** *I sleep like a log*

AMELIA	¿Sí?
MARTIRIO	Muy tarde.
AMELIA	¿Y no tuviste miedo?
MARTIRIO	No. Ya lo he oído otras noches.
AMELIA	Debíamos tener cuidado. ¿No serían los gaña-nes?
MARTIRIO	Los gañanes llegan a las seis.
AMELIA	Quizá una mulilla sin desbravar.²⁰
MARTIRIO	(*Entre dientes y llena de segunda intención.*) ¡Eso, eso!, una mulilla sin desbravar.
AMELIA	¡Hay que prevenir!°
MARTIRIO	¡No, no! No digas nada. Puede ser un barrunto° mío.
AMELIA	Quizá. (*Pausa. Amelia inicia el mutis.°*)
MARTIRIO	Amelia.
AMELIA	(*En la puerta.*) ¿Qué? (*Pausa.*)
MARTIRIO	Nada. (*Pausa.*)
AMELIA	¿Por qué me llamaste? (*Pausa.*)
MARTIRIO	Se me escapó. Fue sin darme cuenta.²¹ (*Pausa.*)
AMELIA	Acuéstate un poco.

Margin glosses:
- ¡Hay que prevenir! — watch out
- barrunto — suspicion
- mutis — exit

---

20 **Quizá una...** *perhaps an untamed young mule*
21 **Se me...** *it just came out. I didn't mean to*

ANGUSTIAS   (*Entrando furiosa en escena, de modo que haya un gran contraste con los silencios anteriores.*) ¿Dónde está el retrato° de Pepe que tenía yo debajo de mi almohada?° ¿Quién de vosotras lo tiene?   portrait / pillow

MARTIRIO   Ninguna.

AMELIA   Ni que Pepe fuera un San Bartolomé de plata.

ANGUSTIAS   ¿Dónde está el retrato? (*Entran La Poncia, Magdalena y Adela.*)

ADELA   ¿Qué retrato?

ANGUSTIAS   Una de vosotras me lo ha escondido.

MAGDALENA   ¿Tienes la desvergüenza° de decir esto?   nerve

ANGUSTIAS   Estaba en mi cuarto y no está.

MARTIRIO   ¿Y no se habrá escapado a medianoche al corral? A Pepe le gusta andar con la luna.

ANGUSTIAS   ¡No me gastes bromas! Cuando venga se lo contaré.°   I will tell him

LA PONCIA   ¡Eso, no! ¡Porque aparecerá!° (*Mirando Adela.*)   it will show up

ANGUSTIAS   ¡Me gustaría saber cuál de vosotras lo tiene!

ADELA   (*Mirando a Martirio.*) ¡Alguna! ¡Todas, menos yo!

MARTIRIO   (*Con intención.*) ¡Desde luego!°   of course not

BERNARDA   (*Entrando con su bastón.*) ¿Qué escándalo es éste en mi casa y con el silencio del peso del calor?

Estarán las vecinas con el oído pegado a los tabi-
ques.° ⟶ walls

ANGUSTIAS Me han quitado el retrato de mi novio.

BERNARDA (*Fiera.*°) ¿Quién? ¿Quién? ⟶ fiercely

ANGUSTIAS ¡Éstas!

BERNARDA ¿Cuál de vosotras? (*Silencio.*) ¡Contestarme!
(*Silencio. A Poncia.*) Registra° los cuartos, mira ⟶ search
por las camas. Esto tiene no ataros más cortas.
¡Pero me vais a soñar!²² (*A Angustias.*) ¿Estás segura?

ANGUSTIAS Sí.

BERNARDA ¿Lo has buscado bien?

ANGUSTIAS Sí, madre. (*Todas están en medio de un embara-
zoso silencio.*)

BERNARDA Me hacéis al final de mi vida beber el 'veneno
más amargo° que una madre puede resistir. (*A* ⟶ bitterest poisen
Poncia.) ¿No lo encuentras?

LA PONCIA (*Saliendo.*) Aquí está.

BERNARDA ¿Dónde lo has encontrado?

LA PONCIA Estaba...

BERNARDA Dilo sin temor.

LA PONCIA (*Extrañada.*°) Entre las sábanas de la cama de ⟶ bewildered
Martirio.

---

22 **Esto tiene...** *this is the result of not keeping you on shorter leashes. But
you'll regret it now*

BERNARDA	(*A Martirio*.) ¿Es verdad?
MARTIRIO	¡Es verdad!
5 BERNARDA	(*Avanzando y golpeándola con el bastón*.) ¡Mala puñalada° te den, mosca muerta! ¡'Sembradura de vidrios!°
MARTIRIO	(*Fiera*.) ¡No me pegue usted, madre!
10 BERNARDA	¡Todo lo que quiera!
MARTIRIO	¡Si yo la dejo! ¿Lo oye? ¡Retírese usted!
15 LA PONCIA	No faltes a tu madre.[23]
ANGUSTIAS	(*Cogiendo a Bernarda*.) Déjela. ¡Por favor!
BERNARDA	Ni lágrimas° te quedan en esos ojos.[24]
20 MARTIRIO	No voy a llorar para darle gusto.
BERNARDA	¿Por qué has cogido el retrato?
25 MARTIRIO	¿Es que yo no puedo gastar una broma° a mi hermana? ¿Para qué otra cosa lo iba a querer?
ADELA	(*Saltando llena de celos*.°) No ha sido broma, que tú no has gustado nunca de juegos. Ha sido otra cosa que te reventaba el pecho por querer salir.[25] Dilo ya claramente.
30	
MARTIRIO	¡Calla y no me hagas hablar, que si hablo se van a

knife wound

trouble maker

tears

joke

jealousy

---

23 **No faltes...** *don't disrespect your mother*
24 **Ni lágrimas...** *there aren't even tears in your eyes*
25 **Ha sido...** *something else has been bursting in your breast trying to come out*

juntar las paredes unas con otras de vergüenza!²⁶

ADELA ¡La mala lengua no tiene fin para inventar!²⁷

BERNARDA ¡Adela!

MAGDALENA Estáis locas.

AMELIA Y nos apedreáis° con malos pensamientos.   stone us

MARTIRIO Otras hacen cosas más malas.

ADELA Hasta que se pongan en cueros de una vez y se las lleve el río.²⁸

BERNARDA ¡Perversa!

ANGUSTIAS Yo no tengo la culpa de que Pepe el Romano se haya fijado en mí.

ADELA ¡Por tus dineros!

ANGUSTIAS ¡Madre!

BERNARDA ¡Silencio!

MARTIRIO Por tus marjales° y tus arboledas .°   land, orchards

MAGDALENA ¡Eso es lo justo!

BERNARDA ¡Silencio digo! Yo veía la tormenta venir, pero no creía que estallara° tan pronto. ¡Ay, qué pedrisco   it would explode
de odio habéis echado sobre mi corazón!²⁹ Pero

---

26 **Se van...** *the walls will close in from shame*

27 **¡La mala...** *evil tongues never stop lying*

28 **Hasta que...** *until they are stripped naked and the river carries them away*

29 **¡Ay, qué...** *what a hailstorm of hate you have thrown on my heart*

todavía no soy anciana y tengo cinco cadenas°   chains
para vosotras y esta casa levantada por mi padre
para que ni las hierbas° se enteren de mi desola-   weeds
ción. ¡Fuera de aquí!

5

Salen. Bernarda se sienta desolada. La Poncia
está de pie arrimada° a los muros. Bernarda reac-   close to
ciona, da un golpe en el suelo y dice:

10 BERNARDA   ¡Tendré que sentarles la mano!³⁰ Bernarda,
¡acuérdate que ésta es tu obligación!

LA PONCIA   ¿Puedo hablar?

15 BERNARDA   Habla. Siento que hayas oído. Nunca está bien
una extraña en el centro de la familia.

LA PONCIA   Lo visto, visto está.³¹

20 BERNARDA   Angustias tiene que casarse en seguida°   right away

LA PONCIA   Hay que retirarla° de aquí.   take her away

BERNARDA   No a ella. ¡A él!

25 LA PONCIA   ¡Claro, a él hay que alejarlo° de aquí! Piensas   distance him
bien.

BERNARDA   No pienso. Hay cosas que no se pueden ni se de-
30   ben pensar. Yo ordeno.

LA PONCIA   ¿Y tú crees que él querrá marcharse?

BERNARDA   (*Levantándose.*) ¿Qué imagina tu cabeza?

35 LA PONCIA   Él, claro, ¡se casará con Angustias!

---

30 **Tendré que...** *I'll have to use a firm hand with them*
31 **Lo visto...** *What I've seen, I've seen*

BERNARDA	Habla. Te conozco demasiado para saber que ya me tienes preparada la cuchilla.[32]
LA PONCIA	Nunca pensé que se llamara asesinato al aviso.° warning
BERNARDA	¿Me tienes que prevenir algo?
LA PONCIA	Yo no acuso, Bernarda. Yo sólo te digo: abre los ojos y verás.
BERNARDA	¿Y verás qué?
LA PONCIA	Siempre has sido lista. Has visto lo malo de las gentes a cien leguas. Muchas veces creí que adivinabas° los pensamientos. Pero los hijos son los hijos. Ahora estás ciega. read
BERNARDA	¿Te refieres a Martirio?
LA PONCIA	Bueno, a Martirio... (*Con curiosidad.*) ¿Por qué habrá escondido el retrato?
BERNARDA	(*Queriendo ocultar° a su hija.*) Después de todo ella dice que ha sido una broma. ¿Qué otra cosa puede ser? protect
LA PONCIA	('*Con sorna.*°) ¿Tú lo crees así? sarcastically
BERNARDA	(*Enérgica.*) No lo creo. ¡Es así!
LA PONCIA	Basta. Se trata de lo tuyo.[33] Pero si fuera la vecina de enfrente, ¿qué sería?
BERNARDA	Ya empiezas a sacar la punta del cuchillo.

32　**Te conozco...** *I know you too well to know that you already have your knife out*

33　**Se trata...** *we're talking about your family*

LA PONCIA   (*Siempre con crueldad.*) No, Bernarda, aquí pasa una cosa muy grande. Yo no te quiero echar la culpa, pero tú no has dejado a tus hijas libres. Martirio es enamoradiza,° digas lo que tú quieras. ¿Por qué no la dejaste casar con Enrique Humanes? ¿Por qué el mismo día que iba a venir a la ventana le mandaste recado° que no viniera?   lovesick / message

BERNARDA   (*Fuerte.*) ¡Y lo haría mil veces! Mi sangre no 'se junta° con la de los Humanes mientras yo viva! Su padre fue gañán.   unite

LA PONCIA   ¡Y así te va a ti con esos humos!³⁴

BERNARDA   Los tengo porque puedo tenerlos. Y tú no los tienes porque sabes muy bien cuál es tu origen.

LA PONCIA   (*Con odio.*) ¡No me lo recuerdes! Estoy ya vieja, siempre agradecí tu protección.

BERNARDA   (*Crecida.°*) ¡No lo parece!   emboldened

LA PONCIA   (*Con odio envuelto° en suavidad.*) A Martirio se le olvidará esto.   cloaked

BERNARDA   Y si no lo olvida peor para ella. No creo que ésta sea la «cosa muy grande» que aquí pasa. Aquí no pasa nada. ¡Eso quisieras tú! Y si pasara algún día estáte segura que no traspasaría° las paredes.   would not go beyond

LA PONCIA   ¡Eso no lo sé yo! En el pueblo hay gentes que leen también de lejos los pensamientos escondidos.

BERNARDA   ¡Cómo gozarías° de vernos a mí y a mis hijas camino del lupanar!°   you would enjoy / whorehouse

---

34 **¡Y así...** *and look at you now with those airs*

LA PONCIA	¡Nadie puede conocer su fin!

BERNARDA   ¡Yo sí sé mi fin! ¡Y el de mis hijas! El lupanar se queda para alguna mujer ya difunta...°   *deceased*

LA PONCIA   (*Fiera.*) ¡Bernarda! ¡Respeta la memoria de mi madre!

BERNARDA   ¡No me persigas tú con tus malos pensamientos! (*Pausa.*)

LA PONCIA   Mejor será que no me meta en nada.

BERNARDA   Eso es lo que debías hacer. Obrar y callar a todo.[35] Es la obligación de los que viven 'a sueldo.°   *on salary*

LA PONCIA   Pero no se puede. ¿A ti no te parece que Pepe estaría mejor casado con Martirio o... ¡sí!, o con Adela?

BERNARDA   No me parece.

LA PONCIA   (*Con intención.*) Adela, ¡Ésa es la verdadera novia del Romano!

BERNARDA   Las cosas no son nunca a gusto nuestro.

LA PONCIA   Pero les cuesta mucho trabajo desviarse° de la   *to go off course* verdadera inclinación. A mí me parece mal que Pepe esté con Angustias, y a las gentes, y hasta al aire. ¡Quién sabe si se saldrán con la suya![36]

BERNARDA   ¡Ya estamos otra vez!... 'Te deslizas° para llenar-   *you sneak up* me de malos sueños. Y no quiero entenderte, porque si 'llegara al alcance° de todo lo que dices   *comes to pass*

---

35 **Obrar y...** *work and keep your mouth shut*
36 **¡Quién sabe...** *perhaps they'll get what they want*

te tendría que arañar.[37]

LA PONCIA   ¡No llegará la sangre al río![38]

BERNARDA   ¡Afortunadamente mis hijas me respetan y ja-
              más torcieron mi voluntad![39]

LA PONCIA   ¡Eso sí! Pero en cuanto las dejes sueltas° se te su-   loose
              birán al tejado.°   rooftop

BERNARDA   ¡Ya las bajaré tirándoles cantos!°   stones

LA PONCIA   ¡Desde luego eres la más valiente!

BERNARDA   ¡Siempre gasté sabrosa pimienta![40]

LA PONCIA   ¡Pero lo que son las cosas! A su edad. ¡Hay que
              ver el entusiasmo de Angustias con su novio! ¡Y
              él también parece muy picado!° Ayer me con-   smitten
              tó mi hijo mayor que a las cuatro y media de la
              madrugada, que pasó por la calle con la yunta,
              estaban hablando todavía.

BERNARDA   ¡A las cuatro y media!

ANGUSTIAS   (*Saliendo.*) ¡Mentira!

LA PONCIA   Eso me contaron.

BERNARDA   (*A Angustias.*) ¡Habla!

ANGUSTIAS   Pepe lleva más de una semana marchándose a la
              una. Que Dios me mate si miento.

---

37 **Te tendría...** *I would dig my nails into you*
38 **No llegará...** *you don't frighten me*
39 **Jamás torcieron...** *have never broken my will*
40 **¡Siempre gasté...** *I've always enjoyed a good fight*

MARTIRIO	(*Saliendo*.) Yo también lo sentí marcharse a las cuatro.
BERNARDA	Pero, ¿lo viste con tus ojos?
MARTIRIO	No quise asomarme. ¿No habláis ahora por la ventana del callejón?
ANGUSTIAS	Yo hablo por la ventana de mi dormitorio. (*Aparece Adela en la puerta.*)
MARTIRIO	Entonces...
BERNARDA	¿Qué es lo que pasa aquí?
LA PONCIA	¡Cuida de enterarte!⁴¹ Pero, desde luego, Pepe estaba a las cuatro de la madrugada en una reja de tu casa.
BERNARDA	¿Lo sabes seguro?
LA PONCIA	Seguro no se sabe nada en esta vida.
ADELA	Madre, no oiga usted a quien nos quiere perder a todas.
BERNARDA	¡Yo sabré enterarme! Si las gentes del pueblo quieren levantar falsos testimonios se encontrarán con mi pedernal.⁴² No se hable de este asunto. Hay a veces una 'ola de fango° que levantan los demás para perdernos.°
MARTIRIO	A mí no me gusta mentir.
LA PONCIA	Y algo habrá.

wave of mud

defame us

---

41 **¡Cuida de...** *be wary of what you might discover*
42 **Si las...** *if the townspeople wish to bear false witness against us, they will run into a stone wall*

BERNARDA	No habrá nada. Nací para tener los ojos abiertos. Ahora vigilaré° sin cerrarlos ya hasta que me muera.

I will watch

5 ANGUSTIAS	Yo tengo derecho de enterarme.

BERNARDA	Tú no tienes derecho más que a obedecer.° Nadie me traiga ni me lleve.⁴³ (*A la Poncia.*) Y tú te metes en los asuntos de tu casa. ¡Aquí no se vuelve a dar un paso que yo no sienta!

obey

CRIADA	(*Entrando.*) ¡En lo alto de la calle hay un gran gentío° y todos los vecinos están en sus puertas!

crowd

15 BERNARDA	(*A Poncia.*) ¡Corre a enterarte de lo que pasa! (*Las mujeres corren para salir.*) ¿Dónde vais? Siempre os supe mujeres ventaneras y rompedoras de su luto.⁴⁴ ¡Vosotras al patio!

20	*Salen y sale Bernarda. Se oyen rumores lejanos. Entran Martirio y Adela, que se quedan escuchando y sin atreverse° a dar un paso más de la puerta de salida.*

daring

25 MARTIRIO	Agradece a la casualidad que no desaté mi lengua.⁴⁵

ADELA	También hubiera hablado yo.

30 MARTIRIO	¿Y qué ibas a decir? ¡Querer no es hacer!

ADELA	Hace la que puede y la que se adelanta.⁴⁶ Tú querías, pero no has podido.

---

43 **Nadie me...** *nobody tells me what to do*
44 **Mujeres ventaneras...** *women who display themselves through the windows and break their mourning*
45 **Agradece a...** *be grateful that I held my tongue*
46 **Hace la...** *she who can, does*

MARTIRIO	No seguirás mucho tiempo.

ADELA   ¡Lo tendré todo!

MARTIRIO   Yo romperé tus abrazos.[47]

ADELA   (*Suplicante.°*) ¡Martirio, déjame!   pleading

MARTIRIO   ¡De ninguna!

ADELA   ¡Él me quiere para su casa!

MARTIRIO   ¡He visto cómo te abrazaba!

ADELA   Yo no quería. He ido como arrastrada por una
maroma.°   rope

MARTIRIO   ¡Primero muerta! (*Se asoman Magdalena y Angustias. Se siente crecer el tumulto.*)

LA PONCIA   (*Entrando con Bernarda.*) ¡Bernarda!

BERNARDA   ¿Qué ocurre?

LA PONCIA   La hija de la Librada, la soltera, tuvo un hijo no
se sabe con quién.

ADELA   ¿Un hijo?

LA PONCIA   Y para ocultar su vergüenza lo mató y lo metió
debajo de unas piedras; pero unos perros, con
más corazón que muchas criaturas, lo sacaron y
como llevados por la mano de Dios lo han pues-
to en el 'tranco de su puerta.° Ahora la quieren   doorstep
matar. La traen arrastrando por la calle abajo, y
por las trochas° y los terrenos del olivar vienen   paths
los hombres corriendo, dando unas voces que
estremecen° los campos.   shake

---

47   **Yo romperé...** *I'll tear you away from his embrace*

BERNARDA   Sí, que vengan todos con varas° de olivo y 'man-   branches
            gos de azadones,° que vengan todos para matar-   hoe handles
            la.°   kill her

5 ADELA   ¡No, no, para matarla no!

   MARTIRIO   Sí, y vamos a salir también nosotras.

   BERNARDA   Y que pague la que pisotea° su decencia. (*Fuera*   trample on
10   *su oye un grito de mujer y un gran rumor.*°)   clamor

   ADELA   ¡Que la dejen escapar! ¡No salgáis vosotras!

   MARTIRIO   (*Mirando a Adela.*) ¡Que pague lo que debe!

15 BERNARDA   (*Bajo el arco.*) ¡'Acabar con ella° antes que lle-   finish her off
               guen los guardias! ¡'Carbón ardiendo en el sitio
               de su pecado!⁴⁸

20 ADELA   (*Cogiéndose el vientre.*°) ¡No! ¡No!   belly

   BERNARDA   ¡Matadla! ¡Matadla!

                    TELÓN RÁPIDO.

---

48   **¡Carbón ardiendo...** *place a piece of burning coal on the site of her sin*

Acto tercero

Cuatro paredes blancas 'ligeramente azuladas° del patio interior de   lightly washed in blue
la casa de Bernarda. Es de noche. El decorado ha de ser de una per-
fecta simplicidad. Las puertas, iluminadas por la luz de los interio-
res, dan un 'tenue fulgor° a la escena. En el centro, una mesa con un   faint glow
quinqué,° donde están comiendo Bernarda y sus hijas. La Poncia   oil lamp
las sirve. Prudencia está sentada aparte. Al levantarse el telón hay
un gran silencio, interrumpido por el ruido de platos y cubiertos.°   silverware

PRUDENCIA   Ya me voy. Os he hecho una visita larga. (*Se le-*
            vanta.)

BERNARDA   Espérate, mujer. No nos vemos nunca.

PRUDENCIA   ¿Han dado el último toque° para el rosario?   call

LA PONCIA   Todavía no. (*Prudencia se sienta.*)

BERNARDA   ¿Y tu marido cómo sigue?

PRUDENCIA   Igual.

BERNARDA   Tampoco lo vemos.

PRUDENCIA   Ya sabes sus costumbres. Desde que se peleó con
            sus hermanos por la herencia no ha salido por la
            puerta de la calle. Pone una escalera° y salta las   ladder
            tapias° del corral.   mud walls

BERNARDA   Es un verdadero hombre. ¿Y con tu hija...?

PRUDENCIA   No la ha perdonado.

BERNARDA	Hace bien.
PRUDENCIA	No sé qué te diga. Yo sufro por esto.
BERNARDA	Una hija que desobedece deja de ser hija para convertirse en una enemiga.
PRUDENCIA	Yo dejo que el agua corra. No me queda más consuelo que refugiarme en la iglesia, pero como me estoy quedando sin vista° tendré que dejar de venir para que no jueguen con una los chiquillos. (*Se oye un gran golpe, como dado en los muros.*) ¿Qué es eso?
BERNARDA	El 'caballo garañón,° que está encerrado y 'da coces° contra el muro. (*A voces.*) ¡Trabadlo y que salga al corral!¹ (*En voz baja.*) Debe tener calor.
PRUDENCIA	¿Vais a echarle las potras° nuevas?
BERNARDA	Al amanecer.°
PRUDENCIA	Has sabido acrecentar° tu ganado.°
BERNARDA	A fuerza de dinero y sinsabores.°
LA PONCIA	(*Interviniendo.*) ¡Pero tiene la mejor manada de estos contornos! Es una lástima que esté bajo de precio.
BERNARDA	¿Quieres un poco de queso y miel?
PRUDENCIA	'Estoy desganada.° (*Se oye otra vez el golpe.*)
LA PONCIA	¡Por Dios!

Glosses: vision; stallion; kicks; fillies; dawn; increase, livestock; grief; I have no appetite

---

1 To hobble a horse is to bind his feet in order to hamper movement

PRUDENCIA	¡Me ha retemblado dentro del pecho!²
BERNARDA	(*Levantándose furiosa.*) ¿Hay que decir las cosas dos veces? ¡Echadlo que se revuelque° en los montones de paja!° (*Pausa, y como hablando con los gañanes.*) Pues encerrad las potras en la cuadra,° pero dejadlo libre, no sea que nos eche abajo las paredes. (*Se dirige a la mesa y se sienta otra vez.*) ¡Ay, qué vida!
PRUDENCIA	Bregando° como un hombre.
BERNARDA	Así es. (*Adela se levanta de la mesa.*) ¿Dónde vas?
ADELA	A beber agua.
BERNARDA	(*En alta voz.*) Trae un jarro de agua fresca. (*A Adela.*) Puedes sentarte. (*Adela se sienta.*)
PRUDENCIA	Y Angustias, ¿cuándo se casa?
BERNARDA	Vienen a pedirla dentro de tres días.
PRUDENCIA	¡Estarás contenta!
ANGUSTIAS	¡Claro!
AMELIA	(*A Magdalena.*) ¡Ya has derramado° la sal!
MAGDALENA	Peor suerte que tienes no vas a tener.
AMELIA	Siempre trae 'mala sombra.°
BERNARDA	¡Vamos!
PRUDENCIA	(*A Angustias.*) ¿Te ha regalado ya el anillo?

Margin glosses: roll around · straw · stable · toiling · spilt · bad luck

---

2 **Me ha…** *it shook me to the core*

ANGUSTIAS   Mírelo usted. (*Se lo alarga.°*)   extends

PRUDENCIA   Es precioso. Tres perlas. En mi tiempo las perlas
             significaban lágrimas.

ANGUSTIAS   Pero ya las cosas han cambiado.

ADELA   Yo creo que no. Las cosas significan siempre lo
             mismo. Los 'anillos de pedida° deben ser de dia-   engagement rings
             mantes.

PRUDENCIA   Es más propio.³

BERNARDA   Con perlas o sin ellas las cosas son como una se
             las propone.

MARTIRIO   O como Dios dispone.

PRUDENCIA   Los muebles° me han dicho que son preciosos.   furniture

BERNARDA   Dieciséis mil reales° he gastado.⁴   coins

LA PONCIA   (*Interviniendo.*) Lo mejor es el 'armario de luna°   mirrored wardrobe
             .

PRUDENCIA   Nunca vi un mueble de éstos.

BERNARDA   Nosotras tuvimos arca.°   a chest

PRUDENCIA   Lo preciso° es que todo sea para bien.   what's important

ADELA   Que nunca se sabe.

BERNARDA   No hay motivo para que no lo sea.⁵ (*Se oyen leja-*

---

3 **Es más...** *it's more appropriate*
4 Reales were Spanish coins used from 1497 through 1868. The peseta
replaced them in 1868, but the public still used the term for many years
5 **No hay...** *there's no reason why it shouldn't be*

nísimas unas campanas.)

PRUDENCIA   El último toque. (*A Angustias.*) Ya vendré a que me enseñes la ropa.

ANGUSTIAS   Cuando usted quiera.

PRUDENCIA   Buenas noches nos dé Dios.

BERNARDA   Adiós, Prudencia.

Las cinco: Vaya usted con Dios. (*Pausa. Sale Prudencia.*)

BERNARDA   Ya hemos comido. (*Se levantan.*)

ADELA   Voy a llegarme hasta el portón para estirar° las   to stretch
piernas y tomar un poco el fresco. (*Magdalena
se sienta en una silla baja retrepada° contra la pa-*   leaning back
red.)

AMELIA   Yo voy contigo.

MARTIRIO   Y yo.

ADELA   (*Con odio contenido.*) No me voy a perder.

AMELIA   La noche quiere compaña.° (*Salen. Bernarda se*   company
sienta y Angustias 'está arreglando la mesa.°)   clearing the table

BERNARDA   Ya te he dicho que quiero que hables con tu hermana Martirio. Lo que pasó del retrato fue una
broma y lo debes olvidar.

ANGUSTIAS   Usted sabe que ella no me quiere.

BERNARDA   Cada uno sabe lo que piensa por dentro. Yo no
me meto en los corazones, pero quiero 'buena
fachada° y armonía familiar. ¿Lo entiendes?   to keep appearances

ANGUSTIAS   Sí.

BERNARDA   Pues ya está.

5   MAGDALENA   (*Casi dormida.*) Además, ¡si te vas a ir antes de nada! (*Se duerme.*)

ANGUSTIAS   Tarde me parece.

10   BERNARDA   ¿A qué hora terminaste anoche de hablar?

ANGUSTIAS   A las doce y media.

BERNARDA   ¿Qué cuenta Pepe?

15   ANGUSTIAS   Yo lo encuentro distraído.° Me habla siempre como pensando en otra cosa. Si le pregunto qué le pasa, me contesta: «Los hombres tenemos nuestras preocupaciones.»   distracted

20   BERNARDA   No le debes preguntar. Y cuando te cases, menos. Habla si él habla y míralo cuando te mire. Así no tendrás disgustos.°   displeasures

25   ANGUSTIAS   Yo creo, madre, que él me oculta muchas cosas.

BERNARDA   No procures descubrirlas, no le preguntes y, desde luego, que no te vea llorar jamás.

30   ANGUSTIAS   Debía estar contenta y no lo estoy.

BERNARDA   Eso es lo mismo.

ANGUSTIAS   Muchas veces miro a Pepe 'con mucha fijeza° y   firmly
35   se me borra° a través de los hierros, como si lo   he fades away
            tapara una nube de polvo de las que levantan los
            rebaños.°   flocks of sheep

BERNARDA   Eso son cosas de debilidad.

ANGUSTIAS   ¡Ojalá!

BERNARDA   ¿Viene esta noche?

ANGUSTIAS   No. Fue con su madre a la capital.

BERNARDA   Así nos acostaremos antes. ¡Magdalena!

ANGUSTIAS   Está dormida. (*Entran Adela, Martirio y Amelia.*)

AMELIA   ¡Qué noche más oscura!

ADELA   No se ve a dos pasos° de distancia.   steps

MARTIRIO   Una buena noche para ladrones,° para el que necesite escondrijo.°   burglars / hiding place

ADELA   El caballo garañón estaba en el centro del corral. ¡Blanco! Doble de grande, llenando todo lo oscuro.

AMELIA   Es verdad. Daba miedo. ¡Parecía una aparición!

ADELA   Tiene el cielo unas estrellas como puños.°⁶   fists

MARTIRIO   Ésta se puso a mirarlas de modo que se iba a 'tronchar el cuello.°   strain her neck

ADELA   ¿Es que no te gustan a ti?

MARTIRIO   A mí las cosas 'de tejas arriba° no me importan nada.⁷ Con lo que pasa dentro de las habitaciones tengo bastante.   above rooftops

---

6 **Tiene el...** *the sky has stars as big as fists*
7 **A mí...** *what goes on up above doesn't matter to me*

ADELA   Así te va a ti.

BERNARDA   A ella le va en lo suyo como a ti en lo tuyo.

5 ANGUSTIAS   Buenas noches.

ADELA   ¿Ya te acuestas?

ANGUSTIAS   Sí, esta noche no viene Pepe. (*Sale.*)

10 ADELA   Madre, ¿por qué cuando se corre una estrella o
luce un relámpago se dice: Santa Bárbara bendi-
ta, que en el cielo estás escrita con papel y 'agua
bendita?°   holy water

15 BERNARDA   Los antiguos sabían muchas cosas que hemos
olvidado.

AMELIA   Yo cierro los ojos para no verlas.

20 ADELA   Yo no. A mí me gusta ver 'correr lleno de lumbre°   flash with fire
lo que está quieto° y quieto años enteros.   dormant

MARTIRIO   Pero estas cosas nada tienen que ver con noso-
25 tros.

BERNARDA   Y es mejor no pensar en ellas.

ADELA   ¡Qué noche más hermosa! Me gustaría quedar-
30 me hasta muy tarde para disfrutar el fresco del
campo.

BERNARDA   Pero hay que acostarse. ¡Magdalena!

35 AMELIA   Está en el primer sueño.

BERNARDA   ¡Magdalena!

MAGDALENA (*Disgustada.*) ¡Dejarme en paz!

BERNARDA ¡A la cama!

MAGDALENA (*Levantándose malhumorada.*) ¡No la dejáis a una tranquila! (*Se va refunfuñando.°*)   grumbling

AMELIA Buenas noches. (*Se va.*)

BERNARDA Andar vosotras también.

MARTIRIO ¿Cómo es que esta noche no viene el novio de Angustias?

BERNARDA Fue de viaje.

MARTIRIO (*Mirando a Adela.*) ¡Ah!

ADELA Hasta mañana. (*Sale.*)

Martirio bebe agua y sale lentamente mirando hacia la puerta del corral. Sale La Poncia.

LA PONCIA ¿Estás todavía aquí?

BERNARDA Disfrutando este silencio y sin lograr ver por parte alguna « la cosa tan grande» que aquí pasa, según tú.

LA PONCIA Bernarda, dejemos esa conversación.

BERNARDA En esta casa no hay un sí ni un no. Mi vigilancia lo puede todo.

LA PONCIA No pasa nada por fuera. Eso es verdad. Tus hijas están y viven como metidas en alacenas. Pero ni tú ni nadie puede vigilar por el interior de los pechos.

BERNARDA	Mis hijas tienen la respiración tranquila.
LA PONCIA	Eso te importa a ti, que eres su madre. A mí, con servir tu casa tengo bastante.
BERNARDA	Ahora te has vuelto callada.° *quiet*
LA PONCIA	Me estoy en mi sitio, y en paz.
BERNARDA	Lo que pasa es que no tienes nada que decir. Si en esta casa hubiera hierbas, ya te encargarías de traer a pastar° las ovejas del vecindario. *graze*
LA PONCIA	Yo tapo más de lo que te figuras.
BERNARDA	¿Sigue tu hijo viendo a Pepe a las cuatro de la mañana? ¿Siguen diciendo todavía la 'mala letanía° de esta casa? *litany of slander*
LA PONCIA	No dicen nada.
BERNARDA	Porque no pueden. Porque no hay carne donde morder.°8 ¡A la vigilia de mis ojos se debe esto! *to bite*
LA PONCIA	Bernarda, yo no quiero hablar porque temo tus intenciones. Pero no estés segura.
BERNARDA	¡Segurísima!
LA PONCIA	¡A lo mejor, de pronto, 'cae un rayo!° ¡A lo mejor, de pronto, un 'golpe de sangre° te para el corazón! *lightning will strike / rush of blood*
BERNARDA	Aquí no pasará nada. Ya estoy alerta contra tus suposiciones.
LA PONCIA	Pues mejor para ti.

8 **No hay...** *there is nothing to sink their teeth into*

BERNARDA	¡'No faltaba más!°	absolutely
CRIADA	(*Entrando*.) Ya terminé de fregar los platos. ¿Manda usted algo, Bernarda?	
BERNARDA	(*Levantándose.*) Nada. Yo voy a descansar.	
LA PONCIA	¿A qué hora quiere que la llame?	
BERNARDA	A ninguna. Esta noche voy a dormir bien. (*Se va.*)	
LA PONCIA	Cuando una no puede con el mar lo más fácil es 'volver las espaldas° para no verlo.	turn your back
CRIADA	Es tan orgullosa° que ella misma se pone una venda° en los ojos.	proud / blindfold
LA PONCIA	Yo no puedo hacer nada. Quise atajar° las cosas, pero ya me asustan demasiado. ¿Tú ves este silencio? Pues hay una tormenta en cada cuarto. El día que estallen nos barrerán a todas.⁹ Yo he dicho lo que tenía que decir.	quell
CRIADA	Bernarda cree que nadie puede con ella y no sabe la fuerza que tiene un hombre entre mujeres solas.	
LA PONCIA	No es toda la culpa de Pepe el Romano. Es verdad que el año pasado anduvo detrás de Adela, y ésta estaba loca por él, pero ella debió estarse en su sitio y no provocarlo. Un hombre es un hombre.	
CRIADA	Hay quien cree que habló muchas noches con Adela.	
LA PONCIA	Es verdad. (*En voz baja.*) Y otras cosas.	

---

9 **El día...** *the day they explode they will sweep us all away*

Criada	No sé lo que va a pasar aquí.
La Poncia	A mí me gustaría cruzar el mar y dejar esta casa de guerra.
Criada	Bernarda está aligerando° la boda y es posible que nada pase.

hurrying

La Poncia	Las cosas se han puesto ya demasiado maduras. Adela está decidida a lo que sea, y las demás vigilan sin descanso.¹⁰
Criada	¿Y Martirio también?
La Poncia	Ésa es la peor. Es un 'pozo de veneno.° Ve que el Romano no es para ella y hundiría° el mundo si estuviera en su mano.

well of poison
would sink

Criada	¡Es que son malas!
La Poncia	Son mujeres sin hombre, nada más. En estas cuestiones se olvida hasta la sangre. ¡Chissssss!

(*Escucha.*)

Criada	¿Qué pasa?
La Poncia	(*Se levanta.*) Están ladrando° los perros.

barking

Criada	Debe haber pasado alguien por el portón. (*Sale Adela en enaguas blancas y corpiño.°*)

bodice

La Poncia	¿No te habías acostado?
Adela	Voy a beber agua. (*Bebe en un vaso de la mesa.*)

10 **Las cosas...** *things have already gone too far. Adela's mind is made up, and the others keep a constant watch*

LA PONCIA	Yo te suponía dormida.
ADELA	Me despertó la sed. Y vosotras, ¿no descansáis?
CRIADA	Ahora. (*Sale Adela.*)
LA PONCIA	Vámonos.
CRIADA	Ganado tenemos el sueño. Bernarda no me deja descansar en todo el día.
LA PONCIA	Llévate la luz.
CRIADA	Los perros están como locos.
LA PONCIA	No nos van a dejar dormir. (*Salen. La escena queda casi a oscuras. Sale María Josefa con una oveja en los brazos.*)
MARÍA JOSEFA	Ovejita, niño mío, vámonos a la orilla del mar. La hormiguita° estará en su puerta, yo te daré la teta y el pan. Bernarda, cara de leoparda. Magdalena, cara de hiena. ¡Ovejita! Meee, meee. Vamos a los ramos° del portal de Belén. (*Ríe.*) Ni tú ni yo queremos dormir. La puerta sola se abrirá y en la playa nos meteremos en una 'choza de coral.° Bernarda, cara de leoparda. Magdalena, cara de hiena. ¡Ovejita! Meee, meee. Vamos a los ramos del portal de Belén!

° little ant

° palms

° coral shack

Se va cantando. Entra Adela. Mira a un lado y otro con sigilo,° y desaparece por la puerta del corral. Sale Martirio por otra puerta y queda 'en angustioso acecho° en el centro de la escena. También va en enaguas. Se cubre con un pequeño mantón° negro de talle. Sale por enfrente de ella María Josefa.

° stealth

° lies in wait

° shawl

MARTIRIO   Abuela, ¿dónde va usted?

MARÍA JOSEFA ¿Vas a abrirme la puerta? ¿Quién eres tú?

5 MARTIRIO   ¿Cómo está aquí?

MARÍA JOSEFA Me escapé. ¿Tú quién eres?

MARTIRIO   Vaya a acostarse.

10 MARÍA JOSEFA Tú eres Martirio, ya te veo. Martirio, cara de
               martirio. ¿Y cuándo vas a tener un niño? Yo he
               tenido éste.

15 MARTIRIO   ¿Dónde cogió esa oveja?

MARÍA JOSEFA Ya sé que es una oveja. Pero, ¿por qué una oveja
               no va a ser un niño? Mejor es tener una oveja
               que no tener nada. Bernarda, cara de leoparda.
20   Magdalena, cara de hiena.

MARTIRIO   'No dé voces.°   don't shout

MARÍA JOSEFA Es verdad. Está todo muy oscuro. Como tengo
25   el pelo blanco crees que no puedo tener crías, y
               sí, crías y crías y crías. Este niño tendrá el pelo
               blanco y tendrá otro niño, y éste otro, y todos
               con el pelo de nieve, seremos como las olas, una
               y otra y otra. Luego nos sentaremos todos, y to-
30   dos tendremos el cabello blanco y seremos espu-
               ma.° ¿Por qué aquí no hay espuma? Aquí no hay   foam
               más que 'mantos de luto.°   mourning shrouds

MARTIRIO   Calle, calle.

35 MARÍA JOSEFA Cuando mi vecina tenía un niño yo le llevaba
               chocolate y luego ella me lo traía a mí, y así siem-
               pre, siempre, siempre. Tú tendrás el pelo blanco,

pero no vendrán las vecinas. Yo tengo que marcharme, pero tengo miedo de que los perros me
muerdan. ¿Me acompañarás tú a salir del campo? Yo no quiero campo. Yo quiero casas, pero
casas abiertas, y las vecinas acostadas en sus camas con sus niños chiquitos, y los hombres fuera, sentados en sus sillas. Pepe el Romano es un
gigante. Todas lo queréis. Pero él os va a devorar,
porque vosotras sois granos de trigo. No granos
de trigo, no. ¡Ranas° sin lengua!   frogs

MARTIRIO   (*Enérgica.*) Vamos, váyase a la cama. (*La empu-
             ja.*)

MARÍA JOSEFA Sí, pero luego tú me abrirás, ¿verdad?

MARTIRIO   De seguro.

MARÍA JOSEFA (*Llorando.*) Ovejita, niño mío, vámonos a la ori-
             lla del mar. La hormiguita estará en su puerta, yo
             te daré la teta y el pan.

             *Sale. Martirio cierra la puerta por donde ha sali-
             do María Josefa y 'se dirige° a la puerta del corral.*   makes her way
             Allí vacila, pero avanza dos pasos más.

MARTIRIO   (*En voz baja.*) Adela. (*Pausa. Avanza hasta la
             misma puerta. En voz alta.*) ¡Adela!

             Aparece Adela. Viene un poco despeinada.°   disheveled

ADELA   ¿Por qué me buscas?

MARTIRIO   ¡Deja a ese hombre!

ADELA   ¿Quién eres tú para decírmelo?

MARTIRIO   No es ése el sitio de una mujer honrada.

ADELA　　¡Con qué ganas te has quedado de ocuparlo![11]

MARTIRIO　　(*En voz alta.*) Ha llegado el momento de que yo hable. Esto no puede seguir así.

ADELA　　Esto no es más que el comienzo. He tenido fuerza para adelantarme.° El brío° y el mérito que tú no tienes. He visto la muerte debajo de estos techos y he salido a buscar lo que era mío, lo que me pertenecía.

take action, spirit

MARTIRIO　　Ese hombre sin alma° vino por otra. Tú 'te has atravesado.°

soul
got in the way

ADELA　　Vino por el dinero, pero sus ojos los puso siempre en mí.

MARTIRIO　　Yo no permitiré que 'lo arrebates.° Él se casará con Angustias.

snatch him up

ADELA　　Sabes mejor que yo que no la quiere.

MARTIRIO　　Lo sé.

ADELA　　Sabes, porque lo has visto, que me quiere a mí.

MARTIRIO　　(*Desesperada.°*) Sí.

desperately

ADELA　　(*Acercándose.*) Me quiere a mí, me quiere a mí.

MARTIRIO　　Clávame un cuchillo si es tu gusto, pero no me lo digas más.

ADELA　　Por eso procuras que no vaya con él.[12] No te importa que abrace° a la que no quiere. A mí, tampoco. Ya puede estar cien años con Angus-

embrace

11　**Con qué...** *how you would like to be in my place*
12　**Por eso...** *that's why you don't want me to go with him*

tias. Pero que me abrace a mí se te hace terrible, porque tú lo quieres también, ¡lo quieres!

MARTIRIO   (*Dramática.*) ¡Sí! Déjame decirlo con la cabeza fuera de los embozos.[13] ¡Sí! Déjame que el pecho se me rompa como una 'granada de amargura.°   bitter pomegranate ¡Le quiero!

ADELA   (*En un arranque,° y abrazándola.*) Martirio,   outburst Martirio, yo no tengo la culpa.

MARTIRIO   ¡No me abraces! No quieras ablandar° mis ojos.   soften Mi sangre ya no es la tuya, y aunque quisiera verte como hermana no te miro ya más que como mujer. ('*La rechaza.°*)   pushes her away

ADELA   Aquí no hay ningún remedio.° La que tenga que   solution ahogarse° que se ahogue. Pepe el Romano es   drown mío. Él me lleva a los juncos de la orilla.[14]

MARTIRIO   ¡No será!

ADELA   Ya no aguanto° el horror de estos techos después   bear de haber probado el sabor de su boca. Seré lo que él quiera que sea. Todo el pueblo contra mí, quemándome con sus dedos de lumbre, perseguida por los que dicen que son decentes, y me pondré delante de todos la 'corona de espinas°   crown of thorns que tienen las que son queridas de algún hombre casado.

MARTIRIO   ¡Calla!

ADELA   Sí, sí. (*En voz baja.*) Vamos a dormir, vamos a dejar que se case con Angustias. Ya no me importa. Pero yo me iré a una casita sola donde él me verá

---

13 **La cabeza...** *out in the open*
14 **Juncos de...** *rushes by the river*

cuando quiera, cuando le venga en gana.[15]

MARTIRIO   Eso no pasará mientras yo tenga una gota de sangre en el cuerpo.

ADELA   No a ti, que eres débil: a un 'caballo encabritado°   wild horse
soy capaz de poner de rodillas con la fuerza de
mi 'dedo meñique.°   pinky

MARTIRIO   No levantes esa voz que me irrita. Tengo el corazón lleno de una fuerza tan mala, que sin querer-
lo yo, a mí misma me ahoga.

ADELA   Nos enseñan a querer a las hermanas. Dios me
ha debido dejar sola, en medio de la oscuridad,
porque te veo como si no te hubiera visto nunca.

Se oye un silbido° y Adela corre a la puerta, pero   whistle
Martirio se le pone delante.

MARTIRIO   ¿Dónde vas?

ADELA   ¡Quítate de la puerta!

MARTIRIO   ¡Pasa si puedes!

ADELA   ¡Aparta!° (*Lucha.*)   get out of the way

MARTIRIO   (*A voces.*) ¡Madre, madre!

ADELA   ¡Déjame! (*Aparece Bernarda. Sale en enaguas
con un mantón negro.*)

BERNARDA   Quietas, quietas. ¡Qué pobreza la mía, no poder
tener un rayo° entre los dedos!   lightningbolt

MARTIRIO   (*Señalando a Adela.*) ¡Estaba con él! ¡Mira esas

---

15 **Cuando le...** *whenever he wants*

enaguas llenas de paja de trigo!

BERNARDA   ¡Esa es la cama de las mal nacidas![16] (*Se dirige furiosa hacia Adela.*)

ADELA   ('*Haciéndole frente.*°) ¡Aquí se acabaron las voces de presidio!° (*Adela arrebata un bastón a su madre y lo parte° en dos.*) Esto hago yo con la vara de la dominadora. No dé usted un paso más. ¡En mí no manda nadie más que Pepe! (*Sale Magdalena.*)

standing up to her
prison
breaks

MAGDALENA   ¡Adela! (*Salen la Poncia y Angustias.*)

ADELA   Yo soy su mujer. (*A Angustias.*) Entérate tú y ve al corral a decírselo. Él dominará toda esta casa. Ahí fuera está, respirando como si fuera un león.

ANGUSTIAS   ¡Dios mío!

BERNARDA   ¡La escopeta!° ¿Dónde está la escopeta?

shotgun

    Sale corriendo. Aparece Amelia por el fondo,° que mira aterrada,° con la cabeza sobre la pared. Sale detrás Martirio.

background
terrified

ADELA   ¡Nadie podrá conmigo![17] (*Va a salir.*)

ANGUSTIAS   (*Sujetándola.*) De aquí no sales con tu cuerpo en triunfo, ¡ladrona! ¡deshonra de nuestra casa!

MAGDALENA   ¡Déjala que se vaya donde no la veamos nunca más! (*Suena un disparo.*°)

gunshot

BERNARDA   (*Entrando.*) Atrévete a buscarlo ahora.[18]

---

16   **Esa es...** *that is the bed of whores*
17   **Nadie podrá...** *nobody can stop me*
18   **Atrévete a...** *just try to look for him now*

MARTIRIO	(*Entrando.*) Se acabó Pepe el Romano.[19]
ADELA	¡Pepe! ¡Dios mío! ¡Pepe! (*Sale corriendo.*)
LA PONCIA	¿Pero lo habéis matado?
MARTIRIO	¡No! ¡Salió corriendo en la jaca!
BERNARDA	Fue culpa mía. Una mujer no sabe apuntar.° aim
MAGDALENA	¿Por qué lo has dicho entonces?
MARTIRIO	¡Por ella! Hubiera volcado° un río de sangre so- poured bre su cabeza.
LA PONCIA	Maldita.
MAGDALENA	¡Endemoniada!
BERNARDA	Aunque es mejor así. (*Se oye como un golpe.*°) thud ¡Adela! ¡Adela!
LA PONCIA	(*En la puerta.*) ¡Abre!
BERNARDA	Abre. No creas que los muros defienden de la vergüenza.
CRIADA	(*Entrando.*) ¡Se han levantado los vecinos!
BERNARDA	(*En voz baja, como un rugido.*°) ¡Abre, porque roar echaré abajo la puerta! (*Pausa. Todo queda en si- lencio.*) ¡Adela! (*Se retira de la puerta.*) ¡Trae un martillo!° (*La Poncia da un empujón y entra. Al* hammer *entrar da un grito° y sale.*) ¿Qué? scream
LA PONCIA	(*Se lleva las manos al cuello.*) ¡Nunca tengamos

---

19 **Se acabó...** *that is the end of Pepe el Romano*

ese fin!²⁰ (*Las hermanas se echan hacia atrás. La Criada se santigua. Bernarda da un grito y avanza.*)

LA PONCIA   ¡No entres!

BERNARDA   No. ¡Yo no! Pepe: irás corriendo vivo por lo oscuro de las alamedas,° pero otro día caerás. ¡Descolgarla!° ¡Mi hija ha muerto virgen! Llevadla a su cuarto y vestirla como si fuera doncella.° ¡Nadie dirá nada! ¡Ella ha muerto virgen! Avisad que al amanecer den dos clamores las campanas.

poplar groves
cut her down
virgin

MARTIRIO   Dichosa° ella mil veces que lo pudo tener.²¹

happy

BERNARDA   Y no quiero llantos.° La muerte hay que mirarla cara a cara. ¡Silencio! (*A otra hija.*) ¡A callar he dicho! (*A otra hija.*) Las lágrimas cuando estés sola. ¡Nos hundiremos todas en un mar de luto! Ella, la hija menor de Bernarda Alba, ha muerto virgen. ¿Me habéis oído? ¡Silencio, silencio he dicho! ¡Silencio!

tears

TELÓN RÁPIDO

Día viernes, 19 de junio, 1936.

---

20 **Nunca tengamos...** *may we never meet such an end*
21 **Dichosa ella...** *she is the lucky one who was able to have him*

Spanish-English Glossary

The English definitions of the following words refer to their specific usage in *La casa de Bernarda Alba*. Many have alternate meanings not included here.

A

abanico fan
ablandar to soften
abrazar to embrace
acecho lying in wait
acercarse to get close to
acero steel
acostumbrarse to get used to
acrecentar to increase; to grow
acribillar to bombard
adelantarse to take action; to move ahead
adivinar to guess
agarrar to grab
agradecer to be grateful; to appreciate
agria sour
aguantar to bear; to endure
aguardar to await
aguardiente clear brandy
aguja needle
ahogarse to drown
ajeno belonging to other people

ajuar trousseau
alabado praised
alacena cupboard
alamedas poplar groves
alargar to extend
alejar to distance
aligerar to rush; to hurry
alimentar to nurture
alma soul
almirez cooking mortar; rolling pin
almohada pillow
amanecer dawn
amargo bitter
amargura bitterness
anea bulrush; wicker
anillo ring
anzuelo hook
apagar to put out
aparecer to appear; to show up
apartar to separate; to move away from
apedrear to stone
apenas scarcely; hardly

apoyar to lean; to support
apretado lean; tight
apuntar to aim
arañar to scratch
arboleda orchard; grove of trees
arca chest
armario de luna wardrobe with a mirror
arrancar to pull out; to yank
arranque outburst
arrastrar to drag; to pull
arrebatar to snatch
arreglar to sort out; to fix
arreglar la mesa to clear the table
arrimada to be close to
arrojar to throw
aseada tidy; clean
asesinato murder
asomarse to stick one's head out
asustar to scare
atajar to quell; to intercept
atar to tie
ataviada dressed up
aterrar to terrify
atormentadora tormenting
atravesar to come in between
atreverse to dare
avisar to notify; to tell; to warn
aviso warning
azadón hoe
azulada bluish; blue color
azuzar to egg on

B
babosear to slobber over
bandeja tray

barberillo flatterer
barnizado polished; varnished
barrer to sweep
barrunto suspicion
bastón walking stick
bayeta rag
bendito blessed; holy
bengala flare
bienaventurado blessed
blanquear to whitewash
boda wedding
bordado embroidered
bordar to embroider
botas enterizas high boots
bregar to toil; to work
brío spirit
broma joke

C
caballo garañón stallion
cabello head hair
cabras goats
cadena chain
calentura warmth; temperature
callar to be quiet; to shut up
callejón alley
cámara bedroom
campana bell
campanillo small bell
cañamazo cañamazo
cántaro pitcher; jug
cantos songs; pebbles; stones
carbón coal
caridad charity
cariño affection
carnero ram

carrañaca ratchet
casarse to marry
celos jealousy
chitón not a word!
chocar to shock
chorizo spicy sausage
choza hut; shack
chupar to suck
ciego blind
clavar to stick
clavo nail
cofre jewelry box
colmado complete; intact
colorín gold finch
compaña company
con retintín sarcastically
con sorna sarcastically
confianza trust
contar to tell
contornos surroundings
cordón shoestring
corona crown
corpiño bodice
corral barnyard
coser to sew
costal sack; bag
coz kick
crecer to grow; to grow up
crecida conceited; emboldened
criar to raise; to breed
crías children
cristianar to christen
cuadra stable
cuadro painting
cubiertos cutlery
cuello neck

cuidar to raise

D

dar alcance to realize; to understand
dar un gallo to crack the voice
dar vergüenza to embarrass
dar voces to shout
darse cuenta de... to realize
debilidad weakness
dedo meñique pinky
delatar to denounce
delicadeza sensitivity; tact
derramar to spill
desabrochar to undo
desafiar to defy
desahogarse to let off steam; to cry; to confide
desatar to untie
desbravar to tame an animal
descolgar to take down
desde luego of course not
desesperada desperately
desfilar to file out; to process
deslizarse to slide; to sneak
desmayarse to faint
despeinado disheveled
desvergüenza nerve
desviarse to go off course
dichosa happy
difunta deceased
dirigirse to make one's way; to go
discutir to argue
disfrutar to enjoy
disgusto displeasure
disparo gunshot

distraído distracted
doblar to toll
doble tolling
dominanta domineering
doncella virgin
duelo mourners
dulzarrona honey-tongue; sugary

E
echarse to lie down
embozo coverlet; head of a bed sheet
empeñarse to insist
empujón shove
en cueros naked
en seguida right away; at once; immediately
enaguas underskirts; petticoats
enamoradiza lovesick
encabritado like a wild horse
encaje lace
encerrarse to shut oneself in
enfermiza sickly
enseñar to teach
enterarse to find out
entreabrir to open just a little; to half-open
entregar to give away
envenenado poisoned
envidia envy
envuelto wrapped; cloaked
escabullirse to slip away
escalera ladder
escarcha frost
esconder to hide
escondrijo hiding place

escopeta shotgun
escupir to spit
espiar to spy; to look; to peer
espiga ear of wheat
espinas thorns
espuma foam
estallar to explode; to burst
estar desganado to have no appetite
estirar to stretch
estremecer to shake
estrenar to use for the first time
extraña stranger
extrañado bewildered; surprised

F
fachada appearance; facade
fango mud
fastidiarse to put up with; to resign oneself
fiera fiercely
figurarse to imagine; to think
fijarse to notice
filo trim
finura refinement
firmeza firmness
fondo background
forastero outsider; stranger
fregar to scrub
fuerza strength
fulgor glow

G
gallina hen
ganado livestock; cattle
gañán laborer
ganzúa lock-pick

garañón stud
gargantilla necklass
gavilla sheaf
gaznate windpipe
gentío crowd
gigante giant
golpe thud; noise; blow
gorigori droning
gorra cap; bonnet
gota drop
gozar to enjoy
granada pomegranate
grito scream
grueso thick
grupa backside; rump

H
hacerle frente to stand up to
hartarse to grow tired of; to get fed up
hierba grass; weeds
hierro iron bar
hilo thread
hogaza de pan loaf of bread
holanda Holland Cloth
hormiguita little ant
hoyo hole
huir to flee
hundir to sink

I
importar to matter
índole nature
infame odious person
infierno hell
inverosímil implausible

ir con el cuento to tell tales
ira ire; anger

J
jabón soap
jaca pony
jamás never
jarrita small pitcher
jarro pitcher
joroba hump
juncos rushes; reeds
juntarse to unite

L
ladrar to bark
ladrillos bricks
ladrón burglar; thief
lagartija small lizard
lagarto lizard
lágrimas tears
lana wool
látigo whip
leguas leagues
lengua tongue; rumor
lentejuela sequin
letanía litany
liebre hare
ligeramente lightly
llamarada flame
llantos tears
llave key
llegar al alcance to come to pass
llorar to cry
loco crazy
lograr to attain; to achieve
lucir to show off; to appear

lumbre fire
lupanar whorehouse
luto mourning

M
machacado squashed
madriguera burrow; hole
madroño ruffle
madrugada morning
malhumorado in a bad mood
manada herd
mancharse to disgrace oneself; to dirty oneself
mandar to send
mandona bossy woman
mango handle
mantehuelo gown
mantilla traditional Spanish veil
manto shroud; cloak
mantón shawl
marchar to leave; to go away
marjal field; land
maroma rope
marrana filthy
martillo hammer
matar to kill
mentir to lie
merecer to deserve
meterse to get into
moaré moiré; elegant cloth
modosa well-mannered
molino mill
monigote twerp; brat; kid
morder to bite; to gnaw
mota speck
mozo young man

muebles furniture
mula mule
mutis exit

N
nieve snow
noria waterwheel
nublo dark cloud

O
obedecer to obey
obrar to work
ocultar to protect; to shield; to hide
oído ear
ola wave
oledora snooper
olivar olive grove
orgullosa proud
orilla shore
orza crock pot
oveja sheep

P
paja straw
palo stick
pana corduroy cloth
pandero tambourine
paño wool
parecerse to be alike
parentela relatives; relatives
pariente relative
particiones inheritance; divisions
partir to break
parto birth
paso step
pastar to graze

pecado sin
pecho breast
pedernal stone wall
pedir limosna to beg
pedrisco hailstorm
pegar to hit
pérfida traitor
pertenecer to belong to
pesebre manger; stall
peso heavy
picado smitten
pimienta pepper
pinchar to puncture
piropo flirtatious compliment
pisar to step on
pisotear to trample on; to step on
plata silver
plomo lead
ponerse en cueros to be stark naked
porrazo loud noise
portarse to behave
portón front door; gate
potro/a colt; filly
pozo well
presidio prison
presuroso quickly
pretender to court
prevenir to look out; to be cautious
probar to taste; to try
procurar to secure; to try
pudrir to waste away; to rot
pulgas fleas
puñado handful
puñalada knife wound
puño fist
puntada stitch

puntilla lace

Q

quedarse to stay
queja complaint
quemar to burn
quieto dormant; still
quina quinine
quinqué oil lamp

R

rabiar to long for
ramos palms
rana frog
rayo bolt of lighting
real old Spanish coin
rebaños flocks of sheep
recado message
rechazar to reject; to push away
recocida dried up; over-cooked
refajo underskirts; undergarments
refrescar to cool
refugiarse to take refuge
refunfuñar to grumble
regalar to give
registar to search
reja window grille; bars
reloj clock
reluciente shiny
remedar to mimic; to make fun of
remedio solution
rendija gap; small opening
replicar to reply; to retort
respirar to breathe
retemblar to shudder; to shake
retirar to take away

retrato portrait
retrepar to lean back
retumbar to shake; to resound
reventar to burst
revolcar to roll around
rezar to pray
rincón corner
roble oak
rodear to surround
rogar pray
rompedora one who breaks something
rondar to loiter; to hang around
rosario rosary
rugido roar
ruido noise
rumor clamor

S
sábanas sheets
sabor taste
sabrosa tasty
saltar to jump
sandía watermelon
sangre blood
santa compaña de cabecera heavenly host
santiguarse to make the sign of the cross
sarmentosa vine-like
segador harvester
segar to reap
sembradura sower
sien temple
siervo religious servant
sigilo stealth

silbido whistle
sino fate
sinsabores grief; troubles
sobrar to be left over; to be more than enough
sobras leftovers
solería tile floor
sollozar to sob
soltera single
sosiego calm; tranquility
suavona spineless (insult)
suceder to happen
sudor sweat
sueldo salary
suelo floor
suelta loose; free
sujetar to hold
suplicante pleading; imploring

T
tabique wall
talle figure
talón heel
tapar to cover
tapia wall
tapiar to brick up; to wall in
techo ceiling; roof
tejado rooftop
tejas rooftops
telón curtain
temblona shaking, trembling
temer to fear
temor fear
tener ilusión to be delighted
teñir to dye
tentar to touch

tenue faint
terreno terrain; land
tieso stiff
tipo physical appearance
tirarse al monte to run wild
toque call of bells
tormenta storm
toser to cough
trabar to hobble a horse
tragar to swallow
tranca security bar
tranco threshold
traspasar to go beyond
trigo wheat
trochas paths
tronchar to strain
tronco log
tuerto one-eyed

U
umbroso shady
uncir to yoke
untuosa greasy; sticky

V
vara rod; pole; switch
varón male

vecindario neighborhood
velar to stay awake; to watch over
venda blindfold
veneno venom; poison
ventanera one who displays herself in windows
vidriado glazed dishes
vidrio crystal
vientre abdomen; belly; womb
vigilancia vigilance
vigilar to watch
vista eyesight
viudo widower
volante flounce; trim
volcar to pour; to spill over
volver las espaldas to turn your back
vueltas turns; revolutions

Y
yeyo hussy
yunta mules; oxen; yoke
yute jute; white fiber

Z
zapatazo stomping

CPSIA information can be obtained
at www.ICGtesting.com
Printed in the USA
LVHW041831150119
604014LV00018B/971/P

9 781589 771239